U0152533

民国大师经典书系

大师

中国人的精神

黄永华 /
王晋华 / 注译

辜鸿铭 / 著

北京理工大学出版社

图书在版编目（CIP）数据

中国人的精神 / 辜鸿铭著；王晋华，黄永华注译. — 北京：北京理工大学出版社，2016.8（2023.2重印）

ISBN 978-7-5682-2064-4

Ⅰ.①中… Ⅱ.①辜… ②王… ③黄… Ⅲ.①民族精神—研究—中国 Ⅳ.①C955.2

中国版本图书馆CIP数据核字（2016）第059370号

出版发行 / 北京理工大学出版社有限责任公司

社　　址 / 北京市海淀区中关村南大街5号

邮　　编 / 100081

电　　话 /（010）68914775（总编室）

　　　　　（010）82562903（教材售后服务热线）

　　　　　（010）68948351（其他图书服务热线）

网　　址 / http://www.bitpress.com.cn

经　　销 / 全国各地新华书店

印　　刷 / 三河市嵩川印刷有限公司

开　　本 / 889毫米×1194毫米　1/32

印　　张 / 4.5　　　　　　　　　　　　　责任编辑 / 刘　娟

字　　数 / 100千字　　　　　　　　　　　文案编辑 / 刘　娟

版　　次 / 2016年8月第1版　2023年2月第3次印刷　责任校对 / 孟祥敬

定　　价 / 38.00元　　　　　　　　　　　责任印制 / 边心超

目 录

I

序言 良民的信仰

难道我们这样做有什么不妥吗？

既是乌合之众，我们就必须愚弄他们；

你看，他们是多么懒惰无能！多么野蛮！

所有亚当的子孙，当你愚弄他们时，

都是无能和野蛮的乌合之众，

只有正直和忠诚，

才能让他们恢复人性。

——歌德

目前的大战吸引了整个世界的目光，人们不再关心其他的事情。但是我认为，这场战争应该使那些爱思考的人把他们的注意力转移到文明这个大问题上来了。所有的文明都始于对自然的征服，比如通过征服和控制自然中令人恐怖的力量，使得它们不能再危害人类。今天，现代欧洲文明已经在许多方面成功地征服了自然，而且必须承认，至今没有任何其他文明能够达到这一点。可在这个世界中，还有一种可怕的力量比自然的力量更恐怖，那就是人们心中的激情。自然的物质力量能够给人类带来的伤害，远远比不上人的激情给人类带来的伤害。因此，在这种可怕的力量——人类的激情——能够得到有效的控制之前，显然是不可能有真正的文明的，甚至连人类生命的存在都是问题。

在人类的早期，人类必须用自然的物质力量来调节和抑制人类的激情。因此野蛮部落就受到纯粹的自然力量的抑制。但是随着文明的出现，人类发现了一种比自然力量更为有力和有效的控制人类激情的东西，这就是道德的力量。过去在欧洲人中抑制和控制人类激情的道德力量是基督教。但是现在，之前提到的这场战争已似乎在表明，基督教作为一种道德力量已经不再有效。在没有一种有效的道德力量来控制和抑制人类激情的情况下，欧洲人只有再次利用自然的力量来维持文明和秩序。确实如卡莱尔①说的那样："欧洲处于无政府状态，外加一个警察。"利用自然力量来维持文明秩序最终则导致军国主义。实际上，今天欧洲之所以需要军国主义，是因为缺乏一种有效的道德力量。但是军国主义导致战争，而战争意味着破坏和浪费。因此，欧洲人进退两难。

---

① 卡莱尔（Thomas Carlyle，1795—1881），生于苏格兰，英国著名作家兼历史学家、社会批评家，曾任爱丁堡大学校长。

如果他们远离军国主义，那么无政府状态将毁坏他们的文明；如果他们坚持军国主义，他们的文明也会因为战争的浪费和破坏而崩溃。但英国人说，他们决定击溃普鲁士的军国主义，而且基希勒勋爵相信，他能够凭借三百万训练有素、装备精良的英国军队来扑灭普鲁士军国主义的大火。不过在我看来，一旦普鲁士的军国主义被扑灭，则会产生另一个军国主义——不列颠军国主义，而它也必定会被扑灭。因此，似乎看来没有逃出这一恶性循环的路径。

但真的是无路可走吗？不，我相信一定有出路。美国的爱默生在很久以前就说过："我能够轻易地看到滑膛枪拜物教的破灭，尽管伟大人物是滑膛枪崇拜者；而且确实如此，一种武器出来，总会又有新的武器研发出来，以克制前者，惟有正义和礼法能够产生一劳永逸的革命。"如今，如果欧洲人真的想要消除军国主义的话，只有一条路，那就是用爱默生所说的不需要另一种武器的"武器"，即正义和礼法，实际上也就是道德力量。只要有一种有效的道德力量，军国主义就不再被需要了，它自身就会消失。现在的问题是，基督教作为一种道德力量，已经不再有效，欧洲人再去何处寻找这种新的道德力量呢？

我认为，欧洲人将在中国，在中国文明中找到这种新的道德力量。这种能够使得军国主义成为多余的道德力量就是好公民的宗教。当然人们会对我说："中国也有战争啊。"确实，在中国也有战争；但是，自从孔子以后，多少年来，我们中国人就没有发生过今天在欧洲所见到的那种战争。在中国，战争是偶然的，然而在欧洲，战争成了一种必然。我们中国也可能会发生战争，但我们不会生活在不断的战争阴影之下。实际上，在我看来，对现在的欧洲而言，比战争更加严重的问题是，每一个个体常常担心他的邻居一旦足够强大，就会像他自己所做的那样来对他，即来抢夺甚至杀害他，因此他要么武装自己，要么雇佣一个武装警察来保护自己。因此欧洲人身上的重担与其说是战争，还不如说是持续地武装他们自身的必要性，运用自然力量来保护他们自身的绝对必要性。

在当今的中国，由于我们中国人有好公民之宗教，所以一个人不会觉得需要用自然力量来保护自己，他甚至很少需要借助国家机器。在中国，一个人通过他的邻居的正义感而得到保护；他通过他的同类时刻服从道德义务感而得到保护。确实，在中国，一个人不觉得需要用自然力量来保护自己，因为他确信每个人都认识到公正和正义是比自然力量更高的力量，因此每个人都认为道德义务是必须得到服从的东西。现在，如果能够使得所有的人一致地认识到公正和正义比自然力量更强大，道德义务是某种必须服从的东西，那么自然力量的运用就没有必要了，那么这个世界就不再会有什么军国主义了。当然，在每一个国家还是有一些人，如犯罪分子；在这个世界有一些残暴之徒，他们不会或者无法认识到公正和正义是高于自然力量的，他们因此也不会或无法认识到道德义务是某种必须服从的东西。因此，为了防备犯罪分子和残暴之徒，在每个国家和这个世界上，一直还是需要一定数量的物质力量或警察力量或军国主义。

人们会问我说，你如何使得人类认识到公正和正义是一种比自然力量更高的力量呢？我觉得，必须要做的第一件事情就是使人类相信公正和正义的有效性，使他们相信公正和正义是一种力量，实际上就是使他们相信善的力量。为了做到这一点，在中国，好公民之宗教在每个孩子一旦能够理解言辞含义的时候就教导他们，人性本善（人之初，性本善）。这就是《三字经》上的第一句话，中国的孩子们一开始上学时就学过了。

今天欧洲文明在本质上的不安全性，在我看来，在于它错误的人性观念，它的人性恶的观念。由于这一错误的观念，欧洲的整个社会结构就一直建立在强力之上。欧洲人用来维持文明秩序的两个东西，分别是宗教和法律。换句话说，欧洲人是由于害怕上帝和敬畏法律而保持着秩序的。恐惧意味着强力的使用。因此，为了保持对上帝的敬畏，欧洲人首先就得花费不少的财力来养一大批闲人，也就是所谓的牧师。不说别的，单就如此高的花费而言，最终都成了人民的一项不可承受的负担。实际上，在因宗教改革而引起的三十年的战争中，欧洲人试图取消牧师。在取消牧师后，谁来让人民敬畏上帝以保持秩序呢？欧洲人试图通过对法律的敬畏来做到这一点。但是要保持对法律的敬畏，欧洲人需要花费更大的财力来养另一个闲人阶层，那就是警察和军队。可凭借警察和军队来维持秩序，其耗费甚至比雇佣牧师所需要的更多。确实，就像在宗教改革的三十年中欧洲人想要取消牧师一样，在当前的战争中，欧洲人真正希望的是，取消军队。但是，如果欧洲人想要取消军队的话，摆在他们面前的选择，要么是召回牧师以保持对上帝的恐惧，要么就是去找到另一种东西，让人们能够像畏惧上帝和法律一样，来维持秩序。我认为，每个人都会承认，这是摆在战后欧洲人面前的最大问题。

如今，在他们经历了因牧师而引起的战争之后，我认为欧洲人不会再想要召回牧师了。俾斯麦曾说："我们永远不会再回到卡诺萨。"此外，即使现在召回牧师也无益，因为欧洲人现在不再畏惧上帝了。因此，如果欧洲人想要消除警察和军队的话，摆在他们面前的唯一的选择，就是寻找一种新的东西，来维持文明和秩序。我相信，如我已经说过的那样，如今这个东西欧洲人会在中国文明那里找到。这个就是我说的好公民的宗教。中国的这种好公民的宗教，无须牧师和警察或军队，就能够使人们维持一个国家的秩序。确实，有了这一好公民的宗教，人口众多的中国人（人口即使不比整个欧洲大陆多）在没有牧师和警察或军队的情况下，在实际上保持着和平与秩序。在中国，每一个人都知道，牧师和警察或军队，在帮助维持公共秩序上所扮演的是一个非常次要的、非常不重要的角色。在中国，只有最无知的阶级才需要牧师，只有最糟糕的犯罪分子才需要警察或军队去介入。因此，我说，如果欧洲人真的想要消除宗教和军国主义，摆脱使得他们陷入困境和流血冲突的军队和牧师，他们就要到中国来借鉴我所说的好公民的宗教。

简言之，在文明遭到破坏和威胁之时，我想要告诉欧洲人和美国人，在中国这里存在着一种无价的文明财富。这一财富不是这个国家的贸易、铁路、矿藏资源、金银铁煤。我在这里想说，今天这个世界的文明财富是中国人，是拥有他的好公民宗教的真正中国人。我说，真正的中国人是无价的文明财富，因为他是一个无须花费世界多少成本就能使自己保持秩序的人。我在这里确实想要警告欧洲人和美国人不要毁坏这一无价的文明财富，不要企图去改变这种真正的中国人，就像他们现在用他们的新知识试图所做的那样。如果欧洲人和美国人成功地毁灭了真正的中国人，中国的人性典范；成功地把真正的中国人转变成了欧洲人或美国人，比如，转变成了需要牧师或军队来使其保持秩序的人，那么他们无疑会增加这个世界在宗教或者军国主义方面的开支，而后者这时就会成为文明和人性的一个威胁。另外，假设能够通过某种方式改变欧洲或美国人的人性，把欧洲人或美国人改变成为真正的中国人，那么就不会再需要牧师或军队来保持秩序；想想看，这给世界减少的是什么样的一个负担。

现在，我们先用几句简单的话来总结一下这次战争所引发的文明问题。我认为，欧洲人首先想通过牧师的帮助来维持文明秩序。但不久就发现，牧师开销太大而且麻烦。于是欧洲人在三十年战争之后，驱逐了牧师而召来警察和军队维持秩序。但是现在他们发现，警察和军队的花费以及带来的麻烦甚至比牧师还多。现在欧洲人该如何做呢？驱逐军队召回牧师吗？不，我不相信欧洲人会愿意召回牧师。而且，牧师现在也是无益的。那么欧洲人到底该怎么办呢？我看到剑桥的路易斯·迪金森教授在《大西洋月刊》上的一篇文章，题目为"战争与出路"，文章说："召回民众。"我担心一旦召来民众来取代牧师和军队，他们会比牧师和军队带来更大的麻烦。牧师和军队在欧洲引起了战争，但民众会带来革命和无政府状态，这样的话，欧洲的状况只会比以前更糟。现在我给欧洲人的建议是：不要召回牧师，为了"善"，也不要召来民众，而只要召来中国人；召来具有好公民宗教的真正中国人，多少年来他们能够在没有牧师、没有军队的情况下，知道如何和平地生活。

事实上，我真的相信，欧洲人在战后会在中国这里找到解决这个问题的办法。我在这里再次重申，无价的、至今仍不可置疑的文明财富是真正的中国人。真正的中国人是一笔文明财富，因为他拥有欧洲人在这次大战之后需要的一种新的文明，这种新文明的秘密就是我所谓的好公民的宗教。这一好公民的宗教的首要原则就是相信人性本善；相信善的力量；相信美国人爱默生所说的爱和正义的法则的力量和功效。但什么是爱的法则呢？好公民的宗教教导我们说，爱的法则就是爱你的父母。那么什么是正义的法则呢？好公民的宗教教导我们说，正义的法则就是真实、守信和忠诚；每一个国家的妇女必须对她的丈夫无私地绝对忠心，每一个国家的男子必须对他的君主或国王无私地、绝对地忠诚。最后，实际上我在这里想说的是，好公民之宗教的最高义务就是忠诚的义务，不仅是行为上忠诚，而且要在精神上忠诚，或者像丁尼生所表达的：

> 敬畏良心就像尊敬国王，
> 因为他俩一样，
> 丢掉异教，放下嗔想，
> 去拥抱基督的光芒。

中国人的精神

——篇在北京东方社宣读的论文

　　首先，请允许我来说明一下今天下午所要探讨的内容。我的论文题目是"中国人的精神"，但这并不意味着只对中国人的性格或特征去泛泛而谈。之前，已经有很多对中国人特征的描述了，我想大家都有同感，虽然对中国人的特征有过很多描述或是列举，可至今尚未勾勒出一幅中国人内在本质的清晰图像。此外，若论及中国人性格或特征时，我们很难加以概括。正如大家所了解的，中国北方人的性格不同于南方人，就像德国人的性格不同于意大利人一样。

　　我说的"中国人的精神"，是指中国人的生存精神，也就是中国人心灵、性情、感情综合体，它赋予国人不同于其他民族的本性，尤其是对于现代欧洲人和美国人而言。或许我们所议之题，最恰当的表述为"中国式的人性"，或者通俗一点——称为"真正的中国人"。

那么，怎样才算真正的中国人呢？我确信大家都会赞同这是一个妙趣横生的话题，尤其是在当今的情况下。环顾当今的中国，我们似乎会发觉，中国式的人性——真正的中国人——即将消亡，取而代之的是一种新型的人性——进步的或现代的中国人。在真正的中国人于世界上全部消失之前，我提议对他们做最后一次的认真审视，看看我们是否能从他们身上发现某些鲜活、独特的东西，正是这些东西形成了他们与其他民族之间的巨大差异，并有别于中国现在的新型人性。

我认为，传统的中国式人性最能打动人心的是：真正的中国人内心没有野蛮、凶恶或者残暴。借用一个适用于动物的术语，我们可以说真正的中国人是被驯化了的动物。比如，一个来自中国社会最底层的人与欧洲社会同样阶层的人相比，他身上少了几分兽性，也就是动物性，德国人称之为Rohheit（动物野性）。我相信各位会赞同我的观点。事实上，以我之见，如果用一个词来概括"中国式的人性"给人的印象，那就是英语中的"gentle"这个词，即"温良"之意。我所说的"温良"并非天性温柔，或者软弱顺从之意。已故的麦高文（D. J. Macgowan）博士说："中国人的温顺，跟被阉割了的、伤心欲绝的人是不一样的。"其实，我所说的"温良"，是指不冷酷无情、尖酸刻薄、粗野鄙俗或者暴戾恣睢，也没有任何使人不快的地方。可以说，真正的中国式人性有一种从容、冷静、练达之气，就像你偶然找到一块锻造精良的金属。如果一个真正的中国人在身体上或道德上存在缺陷，即使无法挽回，也至少会被他温良的性格所弥补。真正的中国人也许粗糙，但粗糙并不粗劣；真正的中国人可能长相丑陋，但丑陋并不丑恶；真正的中国人也许庸俗，但庸俗并不黩武，也不喧闹；真正的中国人也许愚蠢，但愚蠢并不荒谬；真正的中国人也许狡猾，但狡猾并不恶毒。实际上，我想说明的是，真正的中国人即使在身体、心灵和性格上有缺陷或污点，也不会令人厌恶。你会发现，一个真正的中国人很少叫人反感，即使那些守旧派，甚至底层人也是如此。

我认为，中国式的人性给人以温良的印象，甚至温顺到无以言表的程度。当对这种品质进行分析时，你会发现它是两种品性结合的产物，即同情心和智慧。我曾把中国式的人性比喻成被驯化了的动物。那么，驯化的动物与野生动物之间有什么不同呢？在驯化的动物身上有人类特有的痕迹。话说回来，这种把动物和人区别开来的特质是什么呢？这就是智慧。但是，被驯化动物的智慧并不是一种思考的结晶。它不是经过推理而得来的智慧，它又不像狐狸的智慧源于一种本能——这种狡猾的智慧可以知道哪里能吃到小鸡。狐狸身上这种出于本能的智力是所有动物都具备的，甚至包括野生动物。然而，在被驯化的动物身上具有类似人类智慧的东西，与狐狸的狡猾或动物的智力是迥然不同的。被驯化动物的智慧不是来自推理，也不是源于本能，而是出于同情心，源于爱和依恋的情感。一匹纯种的阿拉伯马能理解它的英国主人，并不是它学过英语语法或天生就能听懂英语，而是因为它对主人充满爱和依恋。这就是我所说的人类智慧。被驯化的动物之所以不同于野生动物，其原因就在于前者拥有了这种人类的品质。同样，我认为，正因为怀有同情心和真正的人类智慧，才使中国式的人性，即真正的中国人，具有了难以言说的温顺。

以前，我在某处读过一篇外国人的文章，他曾旅居中日两国。他写道，一个外国人在日本待的时间越长，就会越讨厌日本人；而在中国住的时间越久，就会越喜欢中国人。他对日本人所言之事是否真实，不得而知；但是，我认为，凡是在中国生活的人都会同意他对中国人所做的评价。众所周知，外国人在中国居住时间越长，对中国人的好感便会与日俱增，这种喜好你可以称之为——"喜欢"。在中国人身上有种无法形容的东西，尽管他们有时不讲文明、举止粗俗，心灵和性格上也有很多缺点，他们依然比其他民族更能赢得外国人的喜爱。这种无法形容的东西，我们把它定义为"温良"，在外国人心目中，即便它没有完全弥补中国人身体上和道德上的缺陷，至少也减轻和削弱了排斥之感。正如我试图向你们展现的那样，这种温良便是我所说的同情心或真正的人类智慧——此处所言人类智慧既不是来自推理，又不是源于本能，而是出于同情心——产生于同情的力量。

对于中国人之所以会具有这种同情力量的原因，在这里，我斗胆提出一种解释——如果你愿意的话，也可以称之为一个假设——中国人具有这种力量，一种强烈的同情心的原因是，他们完全或者几乎完全过着一种精神生活。中国人的全部生活就是一种精神生活——并非来自身体器官的感觉，也不是你所说的源于神经系统的激情，而是出于真挚情感和友爱之情的感情，它来自我们本性的最深处——精神或者灵魂深处。甚至，我在这里可以说，真正的中国人过着一种充满情感的或者友爱之情的生活，一种纯灵魂式的生活，以至于他有时可能会忘记了应该做的事，甚至也忽视了人的意识也需要物质的支持这一事实。这就彻底解释了为什么中国人会对肮脏的环境、物质的匮乏和粗俗的举止都漠不关心了。当然，这与本文主题并不相关。

我认为，中国人具有同情的力量，是因为他们过着一种充满了感情和友爱的生活。请允许我在这里为大家举两个例子来验证我对这种精神生活的解释。

以下便是我的第一个例子。可能你们当中有人认识我在武昌的一位挚友，他就是我的同僚梁敦彦先生——他曾在北京做过外务部尚书。梁先生告诉我，当他第一次接到汉口海关道台的任命时，他渴望成为清廷大员，努力得到顶戴花翎。但是他欣然接受这个任命，不是因为他在意顶戴花翎，也不是因为可以得到荣华富贵——在武昌时，我们所有人都穷困潦倒——而是因为他想取悦自己的母亲，通过职位的晋升让远在广州的母亲心情愉悦。这就是我所说的中国人是过着一种充满情感或友爱的精神生活。

另一个例子是这样的。一位在海关任职的苏格兰朋友告诉我，他曾有个中国仆人，此人是一个十足的流氓，撒谎、敲诈、嗜赌成性。但是当这个朋友在一个偏远的港口因为得了伤寒症而病倒，身边没有友人照顾他时，正是这位中国仆人，这个讨厌的无赖，无微不至地照顾他，就连他的亲密朋友或是近亲属都难以做到这样。实际上，我认为在《圣经》里有一句对一个女人所说的话，不仅对这个中国仆人，而且对一般中国人也同样适用——"多宽恕他们一些，因为他们爱得更多。"在中国，虽然外国人看到并了解中国人习惯和性格中的许多缺点和瑕疵，但是他的心仍然被中国人所吸引，因为中国人有一种精神，或者，如我所说的那样，他们过着一种充满情感或友爱的精神生活。

我认为，现在找到了一个线索，可以揭示中国人拥有同情心的秘密了——正是同情心赋予了真正中国人真正的人性智慧，才让他变得如此温良。下面，让我们对这一线索或者假设加以验证。中国人的精神生活这一线索，能否解释之前我所举的两个案例，又能否对中国人在实际生活中表现出的一些普遍特征加以说明，让我们拭目以待。

首先，让我们拿中国的语言加以验证。我认为，由于中国人的人生是一种精神追求，所以，中国的语言也是一种精神语言。众所周知的一个事实是，居住在中国的外国人中，孩子与未受教育的人学习汉语非常轻松，而成年人与受过教育的人则困难重重。原因是什么呢？依我看，其原因在于孩子和未受教育的人用心灵来思考、说话，而受过教育的人，尤其是受过欧洲现代教育的人，思考和言语都讲科学和逻辑。事实上，有知识的外国人发现汉语学习举步维艰，原因就是教育过度，因而变得迂腐木讷，故步自封。借用一句形容天堂国度的话，来描绘中国的语言——"如果你不变成孩子，你就不可能学会。"

下面，让我们审视一下中国人生活中另一个司空见惯的现象——中国人记忆力非常好。原因是什么呢？答案就是：中国人记忆用心而不靠头脑。因为心灵有一种同情的力量，就像胶水一般，黏附力很强，能抓牢任何事物，比干巴巴的头脑更为管用。这也可以解释为什么说人们在孩提时，记忆力、学习能力都比成年后强得多。这是因为当还是孩子的时候，所有人跟我们中国人一样，都是用心而不是用脑来记忆的。

接下来，让我们探讨中国人生命中另一个举世公认的事实——中国人有礼貌。人们评论说，中国人待人接物彬彬有礼。那么，真正礼貌的本质是什么呢？那就是对他人感受的体谅。中国人的礼貌源于他们精神式的生活，他们了解自己的感触，这也促使他们很容易体谅别人的感受。中国人恭谦礼让，尽管与日本人经过了精心准备的礼貌不同，却令人愉悦。用一句优美的法语来形容的话，那就是la politesse du coeur，即一种心灵的礼仪。另外，日本人的礼貌虽然面面俱到，却不能使人心旷神怡，而且我也听过一些外国人说讨厌日本的礼仪，因为它可以说是一种排练过的仪式——就像在戏剧中刻意学习的一样。它与发自内心的礼貌是不同的。实际上，日本礼仪就像缺少了芳香的花朵，而真正有礼貌的中国人的礼仪芳香四溢——instar unguenti fragrantis（名贵油膏的香味）——因为它是由心而发。

让我们查验中国人的最后一个特征，亚瑟·史密斯（Arthur Smith）正是以此引起了人们的注意而名声大噪，这个特质就是——模糊不清。中国人为何会含糊其辞呢？究其原因，我还是这样说：那就是中国人的精神生活。心灵是一种精妙而灵敏的平衡。它不像头脑或智力一样，是一种坚硬、呆板、僵化的仪器。用心灵去思考，就不可能像头脑或者智力那样稳定而严格。至少，这么做将是极其困难的。中国人所使用的毛笔是一种柔软的刷子，它或许可以作为中国精神的一个象征。用它来写字或作画非常困难，但是你一旦掌握它的用法，用它来书写或者作画，那种唯美的优雅境界，是使用硬笔者难以企及的。

上述几个实例与中国人的生活息息相关，任何人，即便是对中国人一无所知之人，也能观察、理解。依我之见，通过验证这些事实，我认为，我成功地解释了"中国人的生活过的是一种精神"的这一假设。

由于中国人的生活是一种心灵的体验，是一种孩童般的生活，所以，在很多方面他们的做法非常简单。事实上也的确如此，值得注意的一个事实就是，作为一个历史悠久的伟大民族，至今中国人在很多方面还很原始。这个事实让浅薄的外国留学生认为中国文明寸步难行，或者停滞不前。不过，必须承认，就纯粹的智力生活而言，在某种程度上中国人被压抑了。一如大家所了解的，中国人不但在自然科学方面，而且在纯粹的抽象科学，例如数学、逻辑学和纯粹哲学等诸多方面，进展缓慢甚至止步不前。事实上，欧洲语言中"数学""逻辑学"这两个单词，在汉语中并没有准确的对应词汇。中国人像孩子一样，过着一种简单的精神生活，对抽象科学不感兴趣，因为精神和情感并不作用于这两个领域。事实上是，只要与精神和情感无关的事情，中国人总会感到厌恶，比如统计报表。如果统计报表和纯粹抽象的科学让中国人厌恶的话，那么欧洲人正在进行的自然科学研究，为了验证科学理论而要把活生生的动物开膛破肚、大卸八块，这更会激起中国人极度的憎恶和惊惧。

我之所以说中国人在纯粹的智力生活方面，在某种程度上受到了压抑，是因为中国人至今过着孩童般的简单精神生活，就这些方面而言，中国人作为一个古老的民族，时至今日依然像孩子一般简单幼稚。但有一点必须牢记，这个孩童般的民族，精神生活固然简单，在很多领域也是如此，但他们却拥有原始人不可企及的精神和理性的力量，正是这种力量使他们能够成功地处理复杂而棘手的社会、政治和文明的问题。在此，我冒昧地说，这种成功古今的欧洲各国都未能取得——其标志有目共睹，占亚洲大陆大部分人口的中国人在一个庞大的帝国之下安定和平、秩序井然地生活着。

实际上，我并不想强调，中国人最奇妙的特征是一种精神生活。因为即便是原始居民也有精神生活。我们都知道，欧洲中世纪的基督教徒也都过着一种精神上的生活。英国诗人、评论家马修·阿诺德（Matthew Arnold， 1822—1888）曾说过："中世纪基督教的诗歌是依靠精神和想象创作的。"但是，我想在此说明的是，中国人最奇妙的特征，是当他过着精神的生活、孩童般的生活时，他仍然具有精神和理性的力量，这是中世纪基督教徒和其他原始民族所不具备的。换言之，中国人最奇妙的特性是，作为一个历史悠久的民族，一个成熟理智的民族，它至今依然过着一种孩童般纯真的精神生活。

就这点看来，与其说中国人是被抑制了的民族，不如说中国人是一个芳华常驻的民族。换言之，中国人作为一个种族，最奇妙的特征就是他们掌握了永葆青春的秘密。

现在，我们可以回答一开始所提出的问题了——真正的中国人是怎样的？真正的中国人，正如我们现在所了解的，就是一个具有孩童般的精神世界的理智成熟的人。总而言之，真正的中国人拥有孩童般纯真的心灵，又拥有成人成熟的头脑。因此，中国人的精神是一种青春常驻的精神，是一种不朽的民族精神。那么，中国人具有不朽的民族魂的秘密又是什么呢？大家会记得我在讨论一开始就说过，正是他们的同情心或真正的人类智慧赋予了他们中国式的人性，即那种无以言表的温良。这种真正的人类智慧，我认为，是同情心和智慧两者结合的产物，它使人的心和脑协调起来共同工作。简单来说，它就是灵魂与智慧的完美结合。如果说中国人的精神是一种永葆青春的精神，是不朽的民族精神，那么，不朽的秘密就是灵魂与智慧的完美结合。

现在你们会问我，他们从哪里以及如何获得这种不朽的秘密呢？答案很明显，他们从自己的文明中获得了这个秘密。由于留给我的时间有限，关于中国文明在此就不多赘述了，但就与讨论主题有关的中国文明，我愿意和诸位分享我的一孔之见。

首先，我要告诉各位，在我看来，中国文明与欧洲现代文明有天壤之别。在此，请允许我引用当代著名艺术评论家伯纳德·贝伦森①先生的一句绝妙之言。在拿欧洲艺术同东方艺术比较时，他说："欧洲的艺术具有变成科学的致命倾向，我们几乎没有任何一件作品不沾有战场的硝烟，这些皆因我们自私自利而起。"现在我要表明的是，欧洲文明，正如贝伦森先生所说的欧洲艺术，是一个为了追求私利而混乱不堪的战场，一方面是科学和艺术为了各自利益而纷争不断；另一方面，宗教和哲学互相冲突、各不相让。事实上，

---

① 伯纳德·贝伦森（Bernard Berenson，1865—1959），立陶宛裔美国艺术批评家和历史学家，以其关于文艺复兴方面的著作——《文艺复兴时代的威尼斯画家》（1894）等而著称。

这是头脑和心灵，即智力和灵魂的角斗场。在中国文明中，至少在最近2 500年间，没有这种冲突。我认为，这就是中国文明和欧洲现代文明的根本区别。

换句话说，我想说的是，在现代欧洲，有一种宗教能滋养人们的精神而不是头脑，有一种哲学能满足他们的头脑而不是精神。让我们放眼中国。有人说中国没有宗教，毫无疑问，中国的大多数老百姓对宗教并不虔诚——我指的是这个词在欧洲的意义而言。在中国道教和佛教的寺庙、仪式和典礼中间，消遣娱乐的意味超越了教诲与启迪；可以说，它们更多的是点燃了中国人的审美情趣，而不是触发了其道德和宗教方面的意识；事实上，它们是激发了人们的想象力，而没有诉诸精神和灵魂。不过，与其说中国人没有宗教，不如说中国人不需要宗教更为准确。

汉族人，甚至中国大多数老百姓都没有感觉到宗教不可或缺，这种不同寻常的事情如何解释呢？一个英国人给出了答案。他就是罗伯特·道格拉斯爵士（Robert K. Douglas）。他是伦敦大学的一位汉语教授，他对儒家学说有一个评论："在此之前，四十多代的中国人都绝对地服从一个人的教导。作为中国人的圣人先贤，孔子的教导特别适合中国人的本性。中国人都具有蒙古人种不同寻常的冷峻和感性的头脑，他们不会去研究超出自己经验之外的事物。正如孔子所阐述的，来世不可知，心怀一种简单朴素、实事求是的道德体系，对中国人的所有需求来说已经足够了。"

罗伯特·道格拉斯爵士说，中国人没有感到有对宗教的需求是因为他们有孔子的教导，他的这一评断是正确的；但当他断言中国人不需要宗教是因为具有蒙古人种异常冷峻的头脑和感性思维时，他完全错了。首先，宗教与思维并不相关，宗教只与感情和心灵有关；它是作用于人的灵魂的某种东西。即使野蛮原始的非洲人，他从纯粹的动物生活中刚刚脱离出来的时候，他的灵魂便被唤醒了——他们感觉到了宗教的必要性。尽管蒙古人种的头脑可能具有与众不同的冷峻和感性，但是我们必须承认，身为蒙古人种的中国人比非洲野人更高级，他们也有灵魂，而且，正因为有灵魂，他们必定会感到宗教存在的必要性，除非有某种东西可以取代宗教的位置。

事情的真相是——中国人觉得宗教可有可无的原因是，他们拥有儒家学说这一哲学和道德规范体系，一个能取代宗教位置的人类社会和文明的思想结晶。人们所言，儒家学说不是一种宗教。就欧洲的"宗教"这个词而言，完全正确。但是我想要说的是，正因为它不是宗教，才越发伟大。事实上，儒家学说的伟大之处在于：它不是宗教，但却能够取代宗教；它能够使人完全不需要宗教。

现在，为了理解儒家学说是如何取代宗教，我们就必须尝试找出人类以及个人需要宗教的原因。依我看，人类需要宗教跟对科学、艺术和哲学的需求别无二致。

现在让我们以科学为例，我指的是自然科学。为何人们会从事科学研究？现在大多数人认为人们这样做，是因为他们想要铁路和飞机。然而，真正驱使科学家从事科学研究的动机并不是他们对于铁路和飞机的渴望。那些进步的中国人之所以从事科研，是因为他们想要铁路和飞机，所以他们是得不到科学的。过去欧洲真正的科学家致力于科学进步，并使建造铁路和飞机成为可能，但他们根本没有考虑过这些东西。驱使他们进行研究，并在科学进步中取得成功的动力，是因为他们在灵魂深处感觉到这个世界妙不可言，必须要揭开她神秘的面纱。人类对于宗教的渴望，我想和他们对科学、艺术以及哲学的需要是出于同样的原因；这个原因就是，人有灵魂，正因为如此，他不仅发掘历史、探索未来，而且观察现在——不像动物那样只管当下——并感到需要了解身处其中的这个神秘世界。除非人类理解了自然的某些作用和规律，并认清了世界万物的发展方向，否则他们就像关在黑屋里的孩子，会感到周围危机四伏，安全难觅，于是他们过得提心吊胆。事实上，正如一首英国诗歌所描述的，神秘世界的重担正由我们承担。因此，人类需要科学、艺术和哲学，与需要宗教是出于同样的目的，是为了减轻身上——

> "神秘的负担，……
>
> 这负担沉重又令人讨厌，
>
> 源于这一切未知的世间。"

艺术和诗歌能让艺术家和诗人看到世界中的美和秩序，从而为他们减轻了这种神秘的负担。因此，像歌德这样的诗人曾说过"拥有艺术的人，拥有宗教"，因而感觉不需要宗教。哲学也能使哲学家看清这个世界的方法和秩序，从而也减轻了他们由这种神秘带来的压力。因此，哲学家，比如斯宾诺萨[①]曾说过："对他们来说，智力生活的王冠就是喜悦，就像对于圣徒来说，宗教生活的王冠是喜悦一样。"因此，哲学家也没有对宗教的需求感。最后，科学也能使科学家认清宇宙的规律和秩序，从而使他们在这种负担下得到解放。因此，英国博物学家、进化论的创立人达尔文（Charles Robert Darwin，1809—1882）和德国生物学家海克尔教授（Ernst Haeckel，1834—1919）这样的科学家并不需要宗教。

可对芸芸众生来说，他们不是诗人、艺术家、哲学家或者科学家；对于这些百姓来说，生活荆棘载途，他们时时与自然威胁不期而遇或被同类的暴戾凶残所震惊。那么，能为他们减轻"这一未知世间的神秘负担"的力量是什么呢？这就是宗教。宗教是如何减轻人们之负担的呢？我认为，宗教是通过给众生以安全感和永恒感来减轻这种重负的。面对自然的恫吓威胁和同类的凶残恶毒，一种神秘和怖惧之情油然而生。而宗教给众生提供了庇护所——在这种庇护下，他们能够找到安全感；对于这种庇护的渴求，使他们相信神的存

---

① 斯宾诺萨（Benedict de Spinoza，1632—1677），荷兰哲学家，西方近代哲学史重要的欧陆理性主义者，与法国的笛卡尔和德国的莱布尼茨齐名。

在，或者那些无所不能的妖怪的存在，因为它们可以掌控那些邪恶的力量。此外，面对生活中的不断变化、兴衰和变迁——从出生、儿童、年轻、衰老一直到死亡，以及由此产生的神秘和不确定性，宗教给了人们一种慰藉——在这种安慰下，他们如释重负、闲适安逸；这一慰藉是对来生的信仰。所以，我认为，宗教给了这些既不是诗人、艺术家，又不是哲学家或科学家的普通人一种认同感和归属感。耶稣基督说："我赐予你们平安，这平安是世界不能给予的，也是世界不能从你们那里拿走的。"由此，宗教给人以安全、永恒之心，正如我所说的一样。除非你能找到一种可以给人们带来同样感觉的东西，能像宗教一样给庶民以心安神定的感觉，否则他们会一直有一种对宗教的需求。

我认为儒家学说之所以能代替宗教，是因为在儒家学说里一定有某种东西，能给予国民同样的精神寄托，比宗教毫不逊色。现在就让我们来发掘一下，看看在儒家思想中，哪些特质能在安抚人类心灵方面起到同样的作用。

我经常被人邀请，去讲孔子为中华民族所做的贡献。我可以告诉大家的是，孔子为中国人做出了卓越贡献。可由于今天时间仓促，我只能告诉大家孔子所完成的一个主要的也是非常重要的事情——而且是他生前唯一做过的事情，按孔子本人所言，后人会了解其人其事。为什么我会说儒家与宗教别无二致，为什么我说儒家给人以慰藉，当我解释之后，各位便会恍然大悟了。为解释清楚，请务必允许我稍微详细介绍一下孔子的生平。

孔子①，可能有人知道，生活在中国历史上所谓的扩张时期：家族式统治的礼崩乐坏、苟延残喘，封建的半家族式的社会秩序和统治形式必然要扩张和重建。如此巨大的变化，不仅带来了物质世界的混乱，也引起了人们精神世界的错乱。

我曾说过，中国文明在最近2 500年里，心灵和头脑没有冲突。但我现在必须告诉大家，在孔子生活的扩张时期，当时的中国，与现在的欧洲差不多，人们的心灵和头脑也发生过严重的冲突。孔子时代的中国人发现自己身处于包括国家制度、行为规范、权威教条、习俗和法律在内的庞大系统之中——事实上，这个庞大的社会和文明体系是从崇敬的祖先那里继承来的。他们得继续在这个体系下生活；因而他们开始萌发一种意识——感到这个系统并不是他们创造的，所以一点也不符合他们实际生活的需要；对于他们来讲，这只是遵循惯例，而不是理性的选择。2 500年前中国人这种意识的觉醒，如同欧洲现代精神的觉醒（自由主义、探索精神），是要探寻世界本源及其形成的原因。古代中国的这种现代精神，使人们看到了社会旧传统与民众实际生活并不协调。进

---

① 孔子（前551—前479），春秋末期思想家、政治家、教育家，儒家学派的创始人，名丘，字仲尼。鲁国陬邑（今山东曲阜东南）人。曾修《诗》《书》，定《礼》《乐》，序《周易》，作《春秋》。孔子的思想及学说对后世产生了极其深远的影响。孔子一生的主要言行，经其弟子和再传弟子整理编成《论语》一书，成为后世儒家学派的经典。

行自我调整，不仅可以重建一种社会和文明的新秩序，并且为它打下基础。但是在当时，所有尝试建立社会和文明新基础的探索皆以失败而告终。有些尝试虽然满足了头脑——国人的智力，却不能满足他们的心灵；另外一些实践，虽然净化了心灵，却没能充盈其头脑。2 500年前的中国，爆发了这种头脑和心灵的冲突，正像现在我们所看到的欧洲所爆发的这种冲突。

在人们努力构建的社会和文明的新秩序之下，却包含这种心与脑的矛盾，使得中国人对所有文明都不满意。由此产生的痛苦和绝望，使得中国人想推翻并毁灭所有的文明。比如老子[①]，他在当时中国的地位譬如现在托尔斯泰之于欧洲，他从心灵与头脑的矛盾所导致的不幸和痛苦中，认为自己发现了社会结构和文明的最本质、最根本的错误。老子及其智慧非凡的徒弟——庄子，告诫民众绝圣弃智。老子对人们说："抛弃所有，与我同来；隐于在群山之上，居住隐士之屋，享有真正的生活———一种心灵的、不朽的生活。"

孔子虽然也看到了当时社会和文明之下的苦难与悲惨，但他意识到罪恶并不在于社会、文明自身及其结构，而在于社会和文明所采取的错误途径，在于人们把社会和文明建

[①] 老子（前600？—前470？），春秋时期思想家，道家创始人。姓李，名耳，字聃，楚国苦县厉乡曲仁里（今河南鹿邑县东太清宫镇）人，又称老聃。传说老子一生下来时，就有白色的眉毛和胡子，所以被称为老子。老子著有《道德经》，他的学说后被庄周发展。史载孔子曾学于老子。

立在错误的基础之上。孔子告诫中国人不要抛弃他们的文明——在一个建立于正确基础之上的社会和文明中，人可以过上真正的生活，一种精神生活。事实上，孔子终其一生都在努力尝试把社会和文明引入正途；给它一个正确的基础，以此来阻止文明的毁灭。但是，在他生命的最后岁月里，当他看到自己不能阻止文明的毁灭时，他做了什么呢？像一个建筑师看到自己的房子着火了，带着熊熊火焰的房子就要塌了，他知道已经无法挽回，他明白唯一能做的就是保存好这座房屋的图纸和设计，以便日后重建。所以，当孔子看到中国文明这幢建筑的毁灭无法避免时，他觉得应该保存好这两种材料，它们被保存在中国的"圣经"中——五本经典著作，被称之为"五经"。我认为，这就是孔子为中华民族所做的伟大贡献——他挽救了中国文明最初的资料。

孔子发掘、保存了中华民族文明之源，但是这还不是孔子对中华民族最重要、最伟大的贡献。他最伟大的功劳是，在挽救这些蓝图时，他对文明的设计做了新的集成、新的解释。而且他灌输给中国人真正的国家观念——这是一个国家真正而理性、永恒而绝对的基础。

古代的柏拉图和亚里士多德，现代的卢梭和赫伯特·斯宾塞也对文明进行了梳理，并试图给出一个国家观念。那么，我提到的欧洲伟人们进行的哲学体系和文明梳理，与另一种文明集成——被称为儒家学说的哲学和道德体系之间有什么不同呢？在我看来，是这样的：柏拉图、亚里士多德和赫伯特·斯宾塞的哲学没有成为一种宗教或者宗教的等价物，没有成为民族和芸芸众生所接受的信念，而儒家学说已经成为一种宗教或者说宗教的代替物。我所说的宗教不是就欧洲词汇的狭义而言，而是就其广义而言的。

歌德说："唯有众生懂得什么是真正的生活；唯有众生过着真正的生活。"现在，当我们提到广义的宗教时，我们通常指的是一套包括行为规则在内的教导体系，正如歌德所言，是被人民大众作为真理而接受的，并受其约束——至少，它能被一个民族或国家的大多数人所接受。在宽泛而普遍的意义上，儒家学说已经成为一种宗教，因为它的教义被认为是正确的，它的行为规则约束着整个中华民族。而柏拉图、亚里士多德和赫伯特·斯宾塞的哲学即使在这种广义上也没有成为宗教。我认为这就是儒家学说跟它们之间的差异——后者依然保持着学者哲学的本色，而前者成为整个中华民族，包括中国学者在内的人民大众的宗教或者宗教的等价物。

在"宗教"这个词语的宽泛普遍意义上，我说儒家学说是一种宗教，恰如基督教或者佛教一样。但是，各位也许还会记得，我说过儒家学说不是西方意义上的宗教。那么，儒家学说和欧洲所称宗教的区别是什么呢？那就是一个里面有超自然的因素，而另一个却没有。

除了超自然和现实的区别之外，还有另一个不同之处存在于儒家学说和西方所谓的宗教之间。西方字面意义上的宗教要把人变成一个好人。儒家学说远远不止这些。儒家学说教导人要成为良好的公民。在基督教的语录里问道："人的主要目标是什么？"而孔子语录里问道："公民的主要目标是什么？"一个人，不仅仅是生活在自己的世界里，而且还处在与同伴与国家的关系中。基督教语录说："人的主要目标是赞扬神。"孔子语录解释道："人的主要目标是要像孝子和良民一样生活。"有子是孔子的一个门徒，《论语》中曾引用过他的话："君子务本，本立而道生。孝悌者也，其为仁之本与！"翻译成现代汉语也就是说："一个明智的人以生活的基础为主要目标。当基础打好后，智慧、宗教就会到来。那么，要像孝子和良民一样，不正是把这一基础——作为一个有道德的人的主要目标吗？"简言之，西方人所称的宗教目的是想让人通过自身努力而转变为一个完美而理想的人，因而，要他成为一个圣徒、一个佛陀或者一个天使；而儒家学说则限定为，把人变成一个良民——像孝子和良民那样生活。换句话说，西方意义上的宗教说："如果你想拥有信仰，你就必须是一个圣徒、一个佛、一个天使。"而儒家则说："如果你遵守社会规范，孝敬父母，你就拥有信仰。"

事实上，欧洲所谓宗教，譬如基督教和佛教，与儒家的真正区别在于：一个是个人的宗教，或者可以称为教堂宗教；而另一个是社会宗教，或者可以称为国家宗教。我认为，孔子为中华民族所做的最伟大的贡献在于，他给了中国人一个真正的国家观念。由于提出了这种观念,孔子使它成为一种宗教。在欧洲,政治是一门科学,但在中国,政治自孔子时代起,就是一种宗教。总之,我认为,孔子的伟大之处,在于他给了我们一个社会的或者说国家的宗教。

在他生命的最后阶段所写的一本书中,孔子讲授了这种国家宗教,这本书他取名为《春秋》。孔子之所以取这个名字,是因为想总结出一个道德动机,因为它决定了民族的兴起和衰落——民族的春秋。这本书亦可称作《近代编年史》,就像卡莱尔的《近代记事》一样。在这本书里,孔子记录了一种礼崩乐坏的历史状况,并追溯了这种状态下所有苦难和不幸的真正原因——人们没有真正的国家观念;对国家和君王也没有正确的责任观念。在某种程度上,孔子在这本书中讲授了君主拥有至高无上的权力,即君权神授。现在我知道所有人,至少你们中的大多数,不会相信君主的神圣权力。我不想争论,各位姑且请听我把话讲完,再做评判。同时,请允许我引用卡莱尔的一句话,他说:"君主统治我们的权力,如果不是神圣的权力,就是残忍的错误。"我希望大家在君主是否拥有神圣权力这个议题上,记住并深思卡莱尔的这句话。

在《春秋》这本书里,孔子提到在人类社会、在人与人之间所存在的普遍关系和行为中,除了对利益和恐惧的基本动机之外,还有一种高尚、可贵的动机影响着他们的行为。这种动机超出了对利益和恐惧的关切,那就是责任;因此,在人类社会，一个特定国家的人民与其国家或民族领袖之间的所有关系中，还有"责任"这种更高尚、更高贵的动机来影响和鼓舞他们的行为。但是，赋予人民忠于国家领袖的这种责任的理性基础是什么呢？在孔子之前的封建时代，由于半家族式的社会秩序和统治形式，当时的国家在某种意义上就是一个家庭，人们并不觉得他们有多大必要去弄清楚为什么要对君王负责任——既然他们是一个氏族或其家庭成员，与生俱来的家族关系纽带或者情感在某种程度上已经把他们和君王，也就是他们氏族或家庭地位较高的成员捆绑在了一起。但是，在孔子时代，就像我所讲的一样，半家族的封建时代已经走到尽头；那时的国家规模不断壮大，丧失了家庭属性，那时的国家公民不再是由一个氏族或家庭的成员所构成的了。因此就有必要找到一个全新的、清晰的、理性的、牢固的基础来支持公民效忠国家元首——他们的统治者或君王。那么，孔子为这种责任找到的新的基础是什么呢？那就是"荣誉"。

去年，我在日本的时候，教育外相菊池男爵（Baron Kikuchi）请我翻译《春秋》一书中的四个中国字"名分大义"，这本书对日本儒学的兴起至关重要。我把它们翻译成"荣誉与责任的重大原则"。正是出于这个原因，中国人把儒家学说和所有其他宗教做了明显的区别，他们没有把孔子所倡导的这个教义体系称为教——汉语里对宗教一般术语，把其他宗教，比如伊斯兰教、基督教叫作名教——"荣誉之教"。还有，在孔子的教义中，"君子之道"这个术语，理雅各博士[①]翻译为"the way of the superior man"，在西方语言里最接近的同义词是moral law——照字面意义解释，道——君子之法。事实上，孔子教导的整个哲学和道德体系可以总结为一个词：君子之法。孔子把君子之法编成法典并使其成为宗教———种国家宗教。其中第一个信条就是名分大义——荣誉和责任的原则——它也可以称为：荣誉的法典。

在这种国家宗教里，孔子教导说，唯一正确、理性、永恒、绝对的基础，就是这个君子之法，即人的荣誉感，不但把对国家，而且把对所有社会和文明的态度都囊括其中。现在你们所有人，包括那些认为政治里不存在道德的人，都知道并且愿意承认在人类社会中荣誉感的重要性。但我并不完全确信，所有人都意识到人的荣誉感对于维持人类社会的形态是不可或缺的；事实上，正如谚语所言："盗亦有道。"——即便是为了维系盗贼社会，也同样需要一种荣誉感。如果人没有荣誉感，所有的社会和文明马上会化为乌有。

想必各位愿意我来为你们揭示其中的缘由吧？让我们拿社会生活中赌博这样的琐事来举例。当人们坐下来赌博的时

---

① 理雅各（Legge），19世纪英国传教士，儒家经典的重要英译者，著有《中国之信仰》。他从基督教的立场出发，对儒家思想进行了独特的理解和分析，认为中国在远古是有神教崇拜的，后来这种信仰丢失了；并从比较宗教学的立场将儒家与基督教相比较，反驳了"儒家完全不是宗教"的说法。

候，所有人认可并接受荣誉感的约束，当胜负揭晓之时，愿赌服输，否则就会一哄而散。再说商人——除非商人认可并接受荣誉感的约束，去履行合同，否则一切交易都无法进行。可是你们会说，违约的商人可以被送到法庭。的确如此，可是如果没有法庭，又会怎样呢？此外，法庭——怎样才能让食言的商人履行他的合约呢？通过武力。事实上，如果人类没有荣誉感，仅凭武力的话，社会只能达到暂时的团结。不过我认为可以向大家说明：仅凭武力不可能把社会永远团结起来。警察可以使用武力，迫使商人去履行合约。可是律师、地方官员或者共和国的总统——怎样才能让警察履行自己的职责呢？他不能用武力去实现，那么，用什么呢？如果不是用警察的荣誉感，就是用欺骗的方法。

现代时期，在世界范围内——我很遗憾地说，也包括中国在内——律师、政客、地方官员和共和国的总统都是用欺骗的方法让警察履行自己的职责。在现代社会，这些既得利益集团告诉警察他必须履行职责，因为这是为了社会利益，为了他的国家的利益；而社会利益意味着这个警察能按时得到薪水，如果没有钱，他和他的家人会饿死。对警察说这番话的律师、政客抑或共和国总统，我认为，他们使用了欺骗的方法。我说这是欺骗，因为国家的利益，对这位警察意味着每周15先令的薪水，这仅仅能使他和他的家人不至于挨饿，而对律师、政客、地方官员和共和国的总统来说，意味着每年1万到2万英镑的收入，住好房、用电灯、坐汽车，舒适而奢侈，让上万人不得不用血汗劳动来供养他们。

我说这是欺骗，因为这不是出于对荣誉感的认同——而这种荣誉感让赌徒把口袋里的最后一个便士付给了赢了他的人，如果这种荣誉感不复存在，社会中的贫富不均以及所有财产的转移和占有，就如同赌桌上金钱的转移一样，没有任何理由和约束力。因此，这些达官贵人、名流显要，虽然口口声声以社会和国家利益为口实，但真正依靠的是警察无意识的荣誉感，这种荣誉感不仅让他履行职责，而且使他尊重财产权，并满足于一周15先令的薪水。而与此同时，律师、政客和共和国的总统却得到每年高达2万英镑的收入。因此，我说这是欺骗，因为，当他们如此高调地强调警察的荣誉感时，他们自己——这些政商界的人中翘楚，却相信政治没有道德，没有荣誉感，并且大张旗鼓地按照这一原则说话行事。

各位可能还记得，我告诉过大家卡莱尔的话——君主统治我们的权力，如果不是神圣的权力，就是残忍的错误。现代的律师、政客、地方要员和共和国的总统所进行的这种欺骗就是卡莱尔所称的残忍的错误。正是这种欺诈行为，这种现代官僚的狡猾，一边在政治上把道德和荣誉束之高阁，另一边却像煞有介事地大谈特谈社会福祉、国家利益；正是这种狡猾，如同卡莱尔所说的，引起了我们在现代社会所看到的"普遍的苦难、反抗、癫狂、狂热暴乱的仇恨、暴政复辟的寒流、无数人的堕落退化以及个人的轻浮放荡"。简而言之，正是这种欺骗和武力的结合，凌辱了人类的道德，引起了愚蠢的行为，使无政府主义者向这些律师、政客、地方官员和总统投掷炸弹或放置炸药来反抗他们。

事实上，如果人民没有荣誉感、政治上不存在道德的话，这样的社会，我认为是不团结的，至少不能持久。因为在这样一个社会里，官僚机构及其服务职能部门的人员，以及被利用的警察，都会陷入自我矛盾中。警察被告知必须为了社会的福祉履行职责。但是他，这个可怜的警察，也是社会的一部分——至少对他和他的家庭来说，他是社会最重要的部分。那么，如果有其他的途径，获得的报酬比警察更多，用来改善他和家庭的生活，而且也符合社会利益的话，这个警察迟早会得出结论说，由于政治中没有道德和荣誉感的存在，如果能得到更好的报酬，并且不影响社会利益——那么，为什么还要当警察，而不去做一个革命家或者无政府主义者呢？这样的话，社会就要分崩离析。孟子说"孔子作《春秋》"——一部记录当时社会及其思想的书——当时之社会，如今日之世界，公务人员荣誉感缺失，政治中道德沦丧；当孔子写这本书时，"乱臣贼子惧"。[①]

不过，言归正传，我认为，没有荣誉感的社会无法团结，也不能持久。因为，我们已经看到，在人类社会中，即使像赌博和做生意这样的小事抑或在与无足轻重的事情相关

的人际关系里，对荣誉感的认同也是极其重要和必不可少的。那么，在人类社会的人际关系中，在社会的两个最基本的结构——家庭和国家的关系中，它必然更加重要。正如大家所知道的，历史上所有社会文明的崛起总是始于婚姻制度。在欧洲，教会宗教把婚姻变成一种圣礼，也就是说，某种庄严而神圣的东西。在欧洲，婚姻的合法性是教会赋予的，圣礼的权力来自神。不过，这只是一个表面的、形式的，或者说法律层面的认可。婚姻的神圣性，其真实的、内在的、真正的约束力——正如我们在没有教会宗教国家所见到的那样，是荣誉感，即男女之间的君子之法。孔子说："君子之道，造端乎夫妇①（对君子之法的认识开始于夫妻关系的认识）。"换句话说，对荣誉感的认同——君子之法——就是要在所有的公民社会和国家中，建立婚姻制度。这种婚姻制度确立了家庭。

我说过，孔子教导的国家宗教是一个荣誉的法典，而且我告诉过各位，孔子从君子之法中得出了这部法典，但是我现在必须告知诸位，在孔子之前的很长时间里，中国业已存在着不明确的、不成文的君子之法典。此法典者即是礼，即礼貌、修养，或者说举止得体之法。历史上，孔子稍稍之前的时代，中国出现了一位伟大的政治家——此人被誉为中国伟大的立法者，人们通常称之为周公（约出生于公元前1135

---

① 《中庸》——*The Universal Order* XII 4. ——*作者原注*

年）——他最先详细地说明、整理、制定了一部成文的君子之法的法典，也就是当时所称的《礼》，即礼数、修养、举止得体之法。周公所创中国首部成文君子法典，称为"周礼"，即周公礼法。这部君子法典可以被看作中国前儒家学说的宗教，或者，正如被称为基督教之前犹太民族的摩西律法一样，可以被称为中国人民的旧体制宗教。正是这部旧体制的宗教——首部君子之法的成文法典——第一次在中国赋予庄严神圣的婚姻以合法性。因此，中国人至今仍然把结婚礼仪称为周公之礼——即周公礼法。通过婚姻礼法制度，中国前儒家学说或者旧体制宗教确立了家庭结构。它曾一度保证了中国所有家庭的稳定性和持久性。在中国，这种周公礼法在儒家学说之前，所以被称为"前儒家宗教"或"旧体制宗教"，它可以被看作是一种家庭宗教，以区别于后来的孔家儒教。

孔子对于之前的家庭宗教，提出了一个新体制。换句话说，孔子提出了君子之法更新鲜、更广泛、更全面的应用；就像之前周公礼法创立了婚姻礼仪一样，孔子拓展了君子之礼的应用领域，由此，制定了新的圣礼。这种新的圣礼，不再称礼——礼法，他称之为"名分大义"，我翻译成"荣誉和责任之重大原则"或者"荣誉的法典"。通过名分大义或者荣誉法典的制定，孔子让中国人抛弃了之前的家庭宗教，而掉头转向——国家宗教。

在孔子之前的时代里，人们处于家庭宗教的旧体制之下，妻子和丈夫接受了婚姻礼法，即周公之礼，就受到周公礼法的约束——以保持婚姻契约的神圣，并绝对遵守。因此，在他提出的新体制下，各诸侯国的百姓和君主，中国人民和皇帝，都要受其（荣誉和责任之重大原则或荣誉的法典）约束，以保证庄严而神圣的契约得到遵守。简言之，这个新圣礼，是忠于契约的保证，与周公之礼殊途同归，而周公礼法只管婚姻。通过这种拓展、变换的方法，孔子给了之前的家庭宗教一个新体制，并使之成为国家宗教。

换句话说，家庭宗教把婚姻契约变成圣礼，而儒家把忠诚于契约变成圣礼。由于这种圣礼，妻子被要求绝对忠心于自己的丈夫，同理，孔子所提倡的"名分大义"或者"荣誉法典"要求中国人必须绝对忠诚于皇帝。这种忠诚于契约的圣礼可以被称为圣礼或者忠诚之教。大家可能记得我说过，孔子在某种程度上宣扬了君王权力的神圣。与其说孔子宣扬了君主权力的神圣性，还不如说孔子教给了人们忠诚的神圣责任。在中国，孔子教导的绝对忠诚的责任源自它的合法性，君子之法——人的荣誉感，在所有国家中让妻子忠于丈夫的荣誉感；而不像欧洲君权神授理论那样，合法性来自神或者某种抽象的哲学。事实上，孔子倡导的绝对忠诚于皇帝的责任，它的合法性来源于简单的荣誉感，和商人遵守承诺、履行合同，赌徒愿赌服输的荣誉感如出一辙。

既然我所说的家庭宗教，包括中国旧体制宗教以及所有国家的教会宗教在内，通过圣礼制度和婚姻的神圣性确立了家庭，那么，孔子教导的国家宗教，就是通过这种忠于契约的新圣礼制度建立了国家。如果说世界上第一个制定圣礼和树立婚姻神圣性的人，为人类和文明事业做出了巨大贡献的话，我认为，各位随后就会理解孔子的巨大贡献了。婚姻圣礼制度确保了家庭的稳定性和持久性，没有它人类就会灭绝；忠于契约的圣礼制度则保证了国家的稳定性和持久性，缺少它人类社会和文明就会毁于一旦，而人类将重返原始或者退化成动物。因此，我告诉大家：孔子做的最伟大的事情是赋予了中国人一个真正的国家观念——它是一个国家真正的、理性的、永恒的、绝对的基础，不仅如此，他把这一观念变成了一种信仰——国家宗教。

孔子在一本书中讲授了这种国家宗教，这就是他在生命最后岁月完成的《春秋》。在此书中，孔子首先制定了忠于契约的新圣礼，命名为"名分大义"，或者"荣誉法典"。因此，这一圣礼经常被普称为"春秋名分大义"（或者简称"春秋大义"）——即春秋编年史的荣誉和责任的重大原则(也被称为"春秋编年史的重大原则或法典"）。这本倡导忠诚神圣责任的著作是中华民族的大宪章（Magna Charta）。它包括神圣的契约和神圣的社会合约，孔子借此约束全体中国民众和各民族要绝对效忠于皇帝，而且在中国，这个契约或圣礼，即这个荣誉法典，不仅是国家和政府的，也是中国文明唯一的真正章程。因为这部著作，孔子说后人会了解他——了解他为世界所做的贡献。

兜了这么一个大圈子，才回到我想说的重点上，恐怕各位早有点不耐烦了。不过，还有最后一个问题，诸位还记得我说过为什么众生总是会感到需要宗教——我指的是欧洲意义上的宗教——这是因为宗教提供了一种庇护，是一个避难所，通过信仰全能的神，他们找到了生存的永恒感。但是，我也说过孔子的哲学和道德体系，即儒家学说，能够代替宗教。因此，儒家学说一定能发挥与宗教相同的功能。我认为，我们已经找到了这种要素，这就是孔子赋予中华民族的效忠皇帝的神圣责任。

这种神圣的责任深深扎根于中华帝国的每一个男人、女人和孩子的心里。因此，正如大家所认为的，在中国老百姓的头脑里，为皇帝树立了一个绝对的、至高无上的、卓越的、全能的能力；而这种对皇帝能力的信仰，给予全体中国人民同样的安全感，就像其他国家中对神、对宗教的信仰能带给众生的一样。对皇帝的无比坚定的信仰让中国的老百姓相信国家的绝对稳定性和持久性；而这种稳定性和持久性又使之相信社会的长治久安和永续发展；同理，这种无限和永恒让他们坚信民族的生生不息。正是这种对种族不朽的信仰，给了中国人民生存的永恒感，就像在其他国家里，民众对于来生的信念一样。

正如这种神圣职责保证了民族的不朽，对祖先的敬奉的仪式保证了家族的兴旺。事实上，在中国，敬奉祖先的祭祀并非建立在对来生的信仰上，而是建立在对家族兴旺的意愿上。一个中国人，当面临死亡的时候，使他得到安慰的不是会有来生，而是相信他的孩子、孙子、曾孙，所有亲近的人，都会记住他、想念他、热爱他，直到永远。那样的话，对一个中国人来说，在他的想象里，死亡就像一次很长很长的旅行，即使不是满怀希望，至少也有很大"可能"重逢。因此，在儒家学说里，这种祭祀仪式和神圣的责任会一起——在中国人活着的时候——给予他们相同的永恒感，在他们死的时候，又赐予他们一样的慰藉，这和其他国家人民对来生的信仰如出一辙。正是这个原因，中国人把敬重祖先与忠诚于皇帝放在同等重要的位置。孟子说："不孝有三，无后为大。"因此，在儒家整个体系中，真正包含其中的只有两个东西：对皇帝的忠诚和对父母的孝顺——用汉语说，即忠孝。

事实上，忠诚有三个条款，汉语称为"三纲"，即儒家学说中三个最重要的责任。按照其重要程度：第一，忠君的责任；第二，孝顺父母、敬奉祖先；第三，婚姻的神圣和妻子对丈夫的绝对服从。其中最后两条已经包含在我所称的家庭宗教，也就是旧体制宗教里了；然而第一项条款——忠君的责任，是孔子首先倡导的，并借此为中华民族确立了新体制宗教。在儒家学说里，忠君的绝对责任——取代了在所有宗教里相当于忠实的第一条的内容——对神的信仰。因为在儒家学说里有对神的信仰的等价物，所以，儒家学说能代替宗教，因此在中国这样的泱泱大国，没人觉得需要宗教。

你们也许会问，神的权威来自人们的信仰，所以信徒会遵照宗教的道德准则行事，如果不信神，怎么会按照孔子提倡的道德原则做事，又怎么会忠于君王呢？在我回答之前，请允许我指出一大错误，那就是人们相信遵循道德准则是神的旨意。我已经说过了，就像欧洲的婚礼一样，教会会说这种合法性来自神，然而，这只是个形式而已。婚姻的神圣性、合法性，其实源于荣誉感，是男女之间的君子之法。因此，对神的信仰使人们遵守道德法则的说法不足为据。

正是这个事实，让19世纪的伏尔泰[①]和汤姆·佩因[②]这样的怀疑论者以及像海勒姆·马克西姆爵士[③]这样的理性主义者，认为对神的信仰是由宗教的创立者发明，并由牧师们维持的一种欺骗。但是，这只是一个恶劣荒谬的诽谤。所有的伟人，所有的智慧超凡的人，都信仰神。孔子也信神，只不过很少提及。甚至连拥有真正伟大智慧的拿破仑也信仰神。正如赞美诗作者所说："只有傻瓜——那些粗俗而浅薄的人——才会在心里说，'世界上没有神'。"但是，具有伟大智慧的人对神的信仰不同于普通人的信仰。他们的信仰是斯宾诺萨那样的：对宇宙神圣秩序的信仰。孔子说："五十

---

① 伏尔泰（Voltaire，1694—1778），法国启蒙思想家、作家、哲学家。启蒙时代的代表人物，著有《老实人》（1759）和《哲学词典》（1764）。

② 汤姆·佩因（Tom Paine，1737—1809），美国裔的英国作家和革命领导人，他写了小册子《常识》（1776），为美国的独立而辩论。

③ 海勒姆·马克西姆（Hiram Maxim，1840—1916），生于美国的英国发明家。发明有第一次世界大战中广为使用的自动反弹发动步枪（1884）。

知天命"。①——也就是说，宇宙的秩序。智慧非凡的人对这种宇宙的神圣秩序给予了不同的称谓。德国人费希特②称之为宇宙的神圣思想。中国的哲学语言称之为道。但是，无论是谁为宇宙的秩序取了什么样的名字，我们都必须承认，正是源于对宇宙的认识，使这些绝顶聪明的人看到了遵守道德准则的必要性，因为它们是宇宙一个神圣的组成部分。

因此，尽管信仰神并不能使人服从道德准则，但是对神的信仰能让人看到服从这些法则的必要性。正是对必要性的认识，使得那些智慧非凡的人去理解并服从那些道德准则。孔子说："不知命，无以为君子也。"但是，当时的老百姓没有那么高的智慧，因而不了解服从道德准则的必要性。就像英国著名诗人、评论家马修·阿诺德说的："道德准则，起先被理解为思想，而后被当作法律，这些准则是拥护圣人的。人们缺乏理解的智慧，也没有足够的人格力量把它们当作法律来严格遵守。"正是因为这个原因，柏拉图、亚里士多德、赫伯特·斯宾塞的哲学和道德，只对学者有价值。

宗教的价值在于使人们——包括那些没有智慧和人格力量的人遵循道德准则。宗教是通过什么方法，又是怎样做到的呢？人们想象，对神的信仰导致了他们遵从这些准则。我已经说过了，这样想就大错特错了。因为，使人们服从的唯

---

① 《论语》，Chap. II4。——作者原注
② 费希特（Johann Gottlieb Fichte，1762—1814），德国哲学家。他关于世界道德和社会道德本性的思想，对黑格尔有重要影响。

一权威是道德感，即他们心中的君子之法。孔子说："人外无德。"就连耶稣在布道时也说："天国在你心中。"马丁·路德①在《丹尼尔书》的评论里说得好："神只存在于人们的心中，取决于信任、忠实、希望和爱。如果这根源是对的，那么神也是对的；如果根源错了，那么，神也是假的。"因此，对神的信仰，只是一种心理，或者说一种庇护。但是路德接着说："对神的信仰必须是真实的，否则这种信仰就是虚假的。对神的信仰一定是对神的正确认识，即对宇宙神圣秩序的真实认识，这就是我们所提过的，众生不能达到的境界。"

由此可以看出，对神的信仰能使人服从并遵守道德行为准则，这是一种错觉。对神的信仰——宇宙秩序，或称为信念或信任，也就是我所说的庇护。尽管这个庇护是假的，却有助于人们遵守道德准则。因为，这种信仰能给众生带来安全感和永恒感。歌德说过："虔诚，也就是宗教所教导的对神的信仰，它本身不是目标，而是一种手段，通过让心智和性情完全平静下来，去达到完美的境界。"换句话说，宗教所谓的对神的信仰，是通过保持人们心智和性情的平静，然后让他们去感受道德感，我重申，这一点才是使人类服从道德准则的唯一权威。

---

① 马丁·路德（Martin Luther，1483—1546)，德国神学家、欧洲宗教改革运动领袖。他反对教会阶层的富有和腐败，认为只要在信仰的基础上即可获得超脱。他肯定了1530年的奥格斯堡忏悔会，成功地建立了路德教会。

那么，宗教让人类服从道德准则的基础是什么呢？那就是灵感。马修·阿诺德所言不虚："无论最高贵的灵魂持有什么样的信条，无论是异教徒恩帕多克勒还是基督教徒圣保罗[1]，他们都坚信灵感是必要的，因为这种激情让道德行为变得完美。"宗教就是依靠这种灵感或者激情让人们信服的。那么，这种灵感又是什么呢？

大家可能记得，儒家的教义体系可以概括为一个词——君子之法。那么，我认为，在欧洲的语言里最贴切的一个同义词是道德。孔子说君子之法是一个秘密，"君子之道，费而隐[2]（君子的德行无处不在，然而它却是一个秘密）。"然而孔子又说："愚夫愚妇可知焉。……夫妇之不肖，可以能行焉（就连智力简单的普通男女也能对这个秘密略知一二。即使天性卑劣的男女也能履行这种君子之法）。"所以，歌德也知道这个儒家的君子之法，称之为一个"公开的秘密"。那么，人类怎样才能发现这个秘密，又应该去哪里寻找呢？我提到过，孔子说对君子之法的认识始于夫妻关系的认识——真正的夫妻关系。因此，歌德所提到的公开的秘密，是首先被夫妻发现的。那么，夫妇又是怎样发现的呢？

话说回来，在中国有君子之法，而欧洲有道德律与之对应。那么，孔子的君子之法跟道德律——哲学家和伦理学家所称的道德律法，两者之间有什么区别呢？首先，让我们来

---

[1] 保罗，St. Paul，耶稣的门徒之一，《新约·使徒传》的主要作者。
[2] 《中庸》——*The Universal Order* XII 1. ——作者原注

了解一下宗教与哲学家和伦理学家的道德律之间的差别。孔子说："天命之谓性；率性之谓道；修道之谓教（我们把生命的法则叫作天命；按照生命的法则行事，我们称为道德；依照自然规律去修炼道德，我们称为宗教）。"因此，根据孔子的说法，宗教的道德律和哲学家的道德律是不同的。宗教道德律是精练的、有章可循的，是更深刻、更高尚的标准。

　　哲学家的道德律告诉我们，必须服从生命的法则，也就是理智。而理智就意味着推理能力，它让我们能够区别和识别事物的特性和品质。所以理智仅能让我们看到道德关系的可定义的特征和品质，而道德、风尚作为是非、正义的主体，是它的外化形态和呆板的形式。然而它却不能让我们看到它的真正本质，也就是正义的灵魂。因此，老子说："道可道，非常道；名可名，非常名（能用语言表达的道德律不是绝对的道德律；能用文字定义的道德思想不是绝对的道德思想）。"伦理学家的道德律也告诉我们，必须服从生命的法则——良心。不过，就像《希伯来圣经》的智者说的那样，一个人的心里有许多诡计。因此，当我们把良心作为生命法则服从时，我们有可能听从的不是正义的声音，不是正义和本质，而是心里的诡计。

　　换句话说，宗教告诉我们，在服从生命法则时，我们必须遵守真实的法则，而不是被圣保罗称为"肉欲的精神法则"的动物法则或肉欲法则，而著名的信徒奥古斯都伯爵的弟子利特尔先生准确将其定义为自我保护和繁衍的法则；这种真正法则，圣保罗称之为精神法则，孔子定义为君子之法。简言之，宗教告诉我们的法则，就是耶稣基督所说的心中的天国。耶稣对人们说："除非你的正义（或者道德）超越了犹太法学家和法利赛教徒（哲学家和伦理学家）的正义，否则你绝不能进入天国。"

哲学家和伦理学家的道德律告诉我们服从生命的法则——理智或者良心。但是，孔子的君子之法跟宗教一样比这更深刻、更高尚。孔子教导我们要遵守真正的法则，不是街上泛泛之辈或者粗俗不洁的人的生存法则，而是美国思想家、文学家和诗人爱默生所说的世界上"最简朴、最纯洁的精神"。为了弄清君子的生命法则，我们必须先做君子，而且具有由内而发的简朴和纯洁的精神。因为这个原因，孔子说："人能弘道，非道弘人[1]（人能够提升道德标准，而道德标准不能提升人的标准）"。

然而，孔子又说，只要我们热爱学习并致知于行，就能学到君子的美好情操或修养，就能够领会君子之法。在孔子的教义里，与修养对应的词是"礼"，曾有过不同的翻译，比如礼节、礼数和礼貌，都没有反映这个词的真正含义。那么这种修养变成道德行为时，在欧洲被称为荣誉感。这种荣誉感，不像道德学家和伦理学家所说的道德律，因为后者是

---

[1] 《论语》Chap. XV28。——作者原注

一种干巴巴的、呆板的概念，它更像《圣经》里的正义，是一种本能的、强烈的、鲜明的感知，即被称为"荣誉"的正义的生命和灵魂。

现在，我们可以回答这个问题了：作为夫妻的男人和女人是怎样发现君子之法的呢？这是因为他们拥有君子的美好情操和修养，应用于道德行为就叫作荣誉感。那么，又是什么给了男女这种荣誉感呢？朱贝特用优美的语言解释了它："人不能真正公正地对待他的邻居，除非他热爱对方"。因此，灵感，使男女看到了朱庇特所说的真正的公正，即荣誉。这种灵感就是爱——男女之间的爱孕育了君子之法；拥有了这个秘密，人类不但建立了社会和文明，而且建立了宗教——找到了神。你们现在是否能理解浮士德口里所说的坦白了呢？它的开头是：

我们头顶的不是天堂的圆屋顶吗？
我们脚下踩的不是坚实的大地吗？

现在，我告诉大家，真正使人们服从道德准则的是君子之法——我们心中的天国。君子之法才是宗教的生命，而对神的信仰及其道德准则，只是宗教的形式而已。这样说的话，那么宗教的灵魂和灵感之源，就是爱。这种爱并不仅仅意味着人类最先认识的男女之爱，它更包含着对所有生物的友爱、善良、同情、怜悯、宽恕；事实上，所有真实的人类情感都包含在"仁"这个汉字中了，它在欧洲语言里最接近的一个同义词，就是正直，用古老的基督教语言就是"godliness"。用现代语言来说，那就是仁慈，或者称作爱。简单地说，宗教的灵魂和灵感的源泉就是"仁"——你也可以用任何喜欢的名字来称呼它。于是，它也成了宗教的灵感之源，是宗教极其重要的德行。宗教也依靠爱使人们遵循道德准则。孔子说："君子之道，造端乎夫妇；及其至也，察乎天地（君子之道始于对夫妻关系的认识；但是到达极致后，它将超出天地的范围而支配整个宇宙）。"

我们可以证明，在宗教里存在这种灵感和激情。但它不仅限于宗教——教会宗教。那些不是由于自私或恐惧，而是内心愿意服从道德准则的人，才能够体会到这种激情。这种源自责任和荣誉的行为，在每个人身上都能找到。虽然它不独属于宗教，但是宗教的价值在其领袖的语录里，都包含这种灵感或者激情，这是哲学家和伦理学家道德准则里没有的，就像马修·阿诺德所说，他点燃了那些准则，以便让人们更好地遵循。

但是，这种语录里的激情也不局限于宗教。真正的文学巨匠，特别是诗人，也具有这种灵感或激情，例如歌德的诗。不幸的是，他们的作品不能被大众所了解，因为他们说话咬文嚼字，晦涩难懂。世界上所有伟大宗教的创始人都有一个优势，那就是大多数没受过教育，因而他们的语言通俗易懂，容易被接受。因此，宗教的真正价值是能够向人们传达这种灵感。

世界上所有伟大宗教的领袖都感情炽热、异于常人。这种本性更能让他强烈地感受到人间的情感和友爱，这就是我所说的宗教灵感的源泉，即宗教的灵魂。这种激情或者人类之爱，使他们看到了正义的灵魂。而这种对其本质的强烈感知，又进一步使他们认识到了法则或者道德律的统一。他们情感炽热，因而想象力丰富，所以他们赋予道德律整体以人性，成为超自然的全能存在，命名为——神。他们也相信人类的激情和友爱来自神。人类的灵感和激情就这样进入了宗教，它们点燃了道德准则，为众人心悦诚服地遵循提供了动机和力量。但是宗教的价值不仅仅是这些，还在于它有一个必要的组织来引导人们，唤醒他们沉睡的心灵，并激励他们付诸行动。所以世界上的宗教组织又被称为教会。

很多人相信这一点，教会就是引导人信仰神的。这是个很大的错误。正是现代基督教会犯的这个错误，让诚实的人对现代基督教会深恶痛绝，比如已故的弗劳德先生[①]。弗劳德先生说过："我在英格兰听过上百次布道，都是关于神的秘密、教士的神圣使命、使徒的传承，等等，但是没有一个能够使我回想起基本的诚实，回想起那些古老的戒律——'你不可撒谎'，'你不可偷窃'等。"我虽然对弗劳德先生心怀尊重，但他谈到教会应该教导道德时，我认为他

---

① 弗劳德（James Authony Froude，1818—1894），英国历史学家、作家。以对16世纪英国的研究和对托马斯·卡莱尔的研究而著名。

也犯了错。毫无疑问，建立教会的目的是为了让人有道德，为了让人遵循这些教会的行为准则。但是说到功能，教会的真正功能不是传授道德，而是传授信仰，但是像"你不可撒谎""你不可偷窃"那些呆板僵化、无关痛痒的教条，毫无用武之地。灵感，是灵感，一种让人们服从的激情，才能引导人们成为有道德的人；事实上，就是宗教激发并点燃了人们的情感。因而，教会的功能就是要唤醒并点燃人类的灵感或激情，以使他们遵守行为准则。教会是如何做到这一点的呢？

很显然，所有的创始人不仅教导信徒们道德准则，激发他们的灵感和情感，而且激起亲传信徒对他们的无限崇敬和狂热的爱恋。当伟大的导师死后，亲传弟子们为了保持这种情感和景仰，便会建立一个小教会。这就是教会的起源。于是，宗教开始唤醒并激发人们的灵感和情感，使他们遵守规则。人们理所当然地认为，这不仅是对神的信仰，也是对宗教的一种信仰、一种信任；那么，是对谁的信任呢？在伊斯兰教称为"先知"，在基督教里称为"中保"①。如果你问一个虔诚的穆斯林为什么他信仰神并且遵守行为准则，他会理直气壮地告诉你，是因为他信仰先知穆罕默德。如果你这样问一个尽责的基督教徒，他会毫不犹豫地回答你，是因为他爱耶稣基督。你会看到，对穆罕默德的信仰，对耶稣的爱，

---

① 指耶稣，《圣经·新约》中称他是上帝和人之间的中保。

这就是对宗教创始人和导师的炽热情感、绝对的景仰——这就是灵感的源泉，这就是伟大宗教的真正力量。通过它，教会让众生遵守道德准则。

你们一定记得，你们问我，如果没有对神的信仰，如何让众人服从并遵循孔子提倡的道德准则，履行忠君的责任呢？我已经向各位说明了，不是对神的信仰，而是灵感被唤醒和点燃，才使得人服从法则。所以，孔子的教义体系为儒家学说，类似于其他国家的教会宗教，孟子在谈及中国历史上两个最纯粹、最像基督的人物时说："故闻伯夷之风者，顽夫廉，懦夫有立志（当人们听说了伯夷和叔齐的性情后，放荡的无赖不再自私，而怯懦的人有了勇气）。"而且它拥有一个相当于教会宗教的组织方法来让人们服从道德行为准则。在中国，这种组织就是学校。

我们知道汉语里宗教的"教"和教育的"教"是同一个字。事实上，因为中国的教会是学校，宗教对中国人就意味着教育、文化。中国学校的目的和目标，不像现代的欧洲和美国，教人如何谋生、如何赚钱。它的目标与教会目标有异曲同工之妙，是教给人理解弗劳德先生所说的古老戒律的，如"不撒谎、不偷盗"等；事实上，就是教导人行善。"不论我们是否规定了言行，"约翰逊说，"不论我们是否希望对人有用或者令人愉快，前提就是分得清是非；其次，熟悉历史，辅以包含天道人伦的经典范例。"

那么，在学校——中国的国教——和其他国家的教会不一样。学校确实也像教会一样，能唤醒并点燃人们的灵感和情感，并让人们遵守道德准则。但是在中国，学校所用的方法有别于其他国家的教会里所使用的方法。

学校不是通过激发对孔子的狂热情感和盲目崇拜来实现其目的的。孔子生前也的确在亲授弟子中激发了崇敬、爱和狂热的感情，而且，在他死后，在更多研究他、理解他的人中间激发了同样的感情。但是，孔子无论在生前还是死后，都未曾激发老百姓的激情。中国的人民大众也热爱和崇拜孔子，但是与伊斯兰教和基督教的狂热相去甚远。考虑到这一点，孔子算不上宗教创始人。欧洲意义上的宗教创始人，要求一个人必须具备异常强烈甚至反常的情感。孔子其实有皇族血统，是商王的家族后裔，孔子之前，这个朝代曾统治中国——这个种族的人具有希伯来人的激情，同时，他们具备希腊人发达的智慧，孔教的奠基人、旧体制宗教的代表人物——周公就是其中之一。如果做一个比较的话，孔子拥有高贵的血统，使他怀有希伯来人的激情，同时接受了最好的智力训练，让他在智力方面出类拔萃。就像伟大的歌德，总有一天，欧洲人会认识到他是最杰出的人性典范，是欧洲人哺育的真正欧洲人，同他一样，中国人会认为孔子是最完美的人性典范，是中国人哺育的真正的中国人。同时，我也认为，孔子因为受过良好的教育，修养极佳，所以不会创立宗教。情况也确实如此，甚至孔子在世的时候，除了他最亲密、最亲近的弟子之外，人们都不了解他是怎样的一个人。

所以，我认为，中国的学校，不会通过对孔子的赞美、爱和狂热的崇拜来实现其目的。那么，中国的学校又是如何做的呢？

孔子说："兴于《诗》，立于《礼》，成于《乐》（在教育中，感情是被诗歌的学习所唤醒的；判断力又由修养和礼貌形成；性格的教育是通过音乐的学习来完成的）。"学校——中国国教教会——是通过诗歌来点燃灵感和激情，以实现其目的的。事实上，所有真正的文学巨匠的著作都有跟宗教类似的灵感和激情，正如我所说的一样。马修·阿诺德在谈到荷马和他诗歌中的高尚品质时说："在《荷马史诗》以及少数文学巨匠作品中的高贵品质，能使无知的普通人高雅起来，并能够改变他。"事实上，凡是真实的、正确的、纯洁的、可爱的、声誉良好的事物，只要有任何优点或者任何值得赞誉的地方——学校都会让人们考虑这些方面，并借此唤醒和点燃灵感和激情，以让人们服从。

我曾说过，真正的文学巨著，比如《荷马史诗》，不能影响众生，因为所有的文学巨匠用的是文雅的语言，中下层人理解起来劳神费力。那么，孔子的教义体系，即儒家学说，又是怎么做的呢？可以告诉大家，与其他国家的教会对应的组织是学校，但是也并不完全正确。因为，在中国，能够确切地与他国教会对应的是——家族。真正的教会其实是家族，学校仅是它的一个附属物。在每个家族的房屋都摆有祖先的牌位或者祠堂，而在每一个村镇都有家族祖先的庙堂。

我已经向各位解释过了，正因为灵感之源是人们的真正动力，所以，教会才会唤起和激发人们对宗教导师和创始人的狂热崇拜。然而，在中国，灵感之源来自"对他们父母的爱"。教会，如，基督教，说的是："爱耶稣基督。"而在中国，孔教教会——每个家族的祖先牌位——"爱你的父母"。圣保罗说："让每一个呼唤基督之名的人都远离邪恶。"汉书《孝经》一书的作者，说的话与这位效法者所言如出一辙，他说道："让每个爱父母的人远离邪恶。"简言之，与基督教的本质、动力和真正的灵感之源源于对基督的爱一样，中国儒家学说，其本质、动力和灵感之源是"对父母的爱"——孝心和祭仪。

孔子说："践其位，行其礼，奏其乐，敬其所尊，爱其所亲，事死如事生，事亡如事存，孝之至也（要聚集在父辈们以前聚集的地方；要举行和他们以前举行过的一样的典礼；要演奏他们以前演奏过的同样音乐，来对他们骄傲的事情表示尊敬；要爱他们所珍惜的东西；事实上，要尊敬死去的人，好像他们还活着，对于那些离开我们的人，好像仍然跟我们在一起，这就是孝的最高境界）。"孔子又说："慎终追远，民德归厚矣（通过培养对死者的尊重，回忆遥远的过去，人们的美德会加深）。"这就是儒家学说的做法。而在这些法则中要求最高、分量最重的就是对君王绝对忠诚，就像在其他宗教里的最高行为准则是对神的敬畏一样。

换句话说，基督教说："畏惧神，并服从他。"

而儒家学说则教导人们："尊敬皇帝，并忠于皇帝。"

基督教说："如果你愿意并服从他，你必须首先爱基督。"

孔子的国家宗教教导说："如果你尊敬皇帝并忠于他，你必须首先爱你的父母。"

现在，我已经解释了为什么自孔子时代之后2 500年间，在中国文明中，没有心灵和头脑的冲突。中国人，就连中国的老百姓都没有感到他们需要宗教——我指的是西方意义上的宗教；之所以没有感觉到，是因为中国儒家学说里有某种东西能够代替宗教。那种东西，就是忠君的绝对责任；这就是孔子教导的名分大义的荣誉法典。我认为，孔子对中国人民最伟大的贡献就是给予了他们这种国家宗教，并教给了他们忠君的绝对责任。

我认为有必要在此再回顾一下孔子的平生及其事迹，因为它与我们讨论的中国人的精神关系很密切。我想告诉你们，你们也会理解，一个中国人，尤其是受过教育的中国人，如果故意忘记、放弃或丢弃了荣誉的法典——名分大义，即效忠君王的神圣责任，那么他已经失去了中国人的精神，他的民族精神：他不再是一个真正的中国人。

最后，对于我们正在讨论的题目——中国人的精神或者什么是真正的中国人，请让我简短概括一下。真正的中国人，是过着成人的理智生活，同时具有孩童般纯真心灵的人。而中国人的精神是灵魂和智慧的完美结合。如果你浏览一下中国人一流的艺术和文学作品的话，你会发现正是灵魂与智慧的美满的结合，使得作品摄人心魄，令人赏心悦目。马修·阿诺德对《荷马史诗》的评价对中国所有的一流文学同样适用，他说："它不但拥有一种力量直击人的心灵深处，令伏尔泰自叹不如，而且比起伏尔泰所见长的朴素和理性来，它也毫不逊色。"

希腊最杰出诗人的作品被马修·阿诺德称为女祭司，她想象瑰丽，又不乏理性。那么，中国人的精神，就像他们最杰出的艺术和文学作品范例中的那样，恰如马修·阿诺德所说的，是想象丰富的理智。他说："之后的异教诗歌以感觉和理解为生；中世纪基督教诗歌靠心灵和想象过活。不过，现代生活的主要因素，如今现代欧洲精神的主要因素，既不是感觉和理解，也不是心灵和想象，而是想象丰富的理智。"

如果马修·阿诺德在此所说的话是真的，如果富有想象力的理智会一直而且必须存在的话，那时，你就能看到，对于欧洲人民来说，这种中国人的精神——这种被马修·阿诺德所称的富有想象力的理智是多么的珍贵！我认为它价值极高，极其重要，你应该研究它、努力理解它、热爱它，而不要粗心大意、不屑一顾或者把它付之一炬。

但是，在做出最后结论之前，我想给大家提一句忠告。我想警告大家，当你思考这种中国人的精神时，你们应该牢记，它不是一种科学、哲学、通神论，或者任何"主义"，就像布拉瓦茨基夫人（Blavatsky）或者贝赞特夫人（Besant）的通神论或者"主义"一类。中国人的精神甚至不是你们所说的思维——不是一种大脑的积极工作。中国人的精神是一种精神状态，一种灵魂的性情，你们不能像学速记或者世界语那样学习它——简言之，它是一种心态，或者用诗人的话来说，是一种平静而恬适的心态。

那么最后，我想请大家允许我朗读最具中国情怀的英国诗人华兹华斯①的几行诗，我的任何语言在它面前都会相形见绌、黯然失色，它能准确地描述这种恬静的心态，即中国人的精神。这几行诗歌所用的方法，我是望尘莫及的，它在你们面前展开了一幅中国式人性灵魂和智慧完美结合的画卷，展示了那种恬静的心态，正是这种心态给予了中国人不可言说的温顺。在《丁登修道院》（*Tintern Abbey*）这首诗里，华兹华斯写道：

> 同样，我让他们相信，
>
> 我可能拥有另一种神奇的本能，
>
> 给予他们恬适的心境，
>
> 在这种心境里，沉重而令人厌烦的人生，

---

① 华兹华斯（William Wordsworth，1770—1850），英国诗人，其最重要的全集《抒情歌谣》（1798）同塞缪尔·泰勒柯尔律治合作出版，为建立英格兰诗歌的浪漫主义风格做出了贡献。他于1843年被授予桂冠诗人。

连同世界上所有的神秘陷阱，都得到了
减轻——

那种平静恬适的心境，

它包含的感情，引导着我们的行程——

直到，这肉体的呼吸甚至我们的血液都几乎
停滞，

我们在体内渐渐进入梦境，变成了一个个活的
精灵：

当我们的眼睛因为和谐与喜悦而变得平静，

因为我们认清了事物的生命。

恬静的心态能够让我们认清事物的生命：那就是充满想
象力的理智，那就是中国人的精神。

中国的女性

马修·阿诺德曾谈到，《圣经》里的一个论据曾被英国下议院用来支持一个男人和他亡妻的妹妹结婚，他说道："女人的天性、女人的理想以及她们跟男人的关系都出现了麻烦。仔细考虑这件事的时候，有谁会相信聪明灵巧的印欧种族，那曾培育出女神缪斯、多情的骑士和圣母玛利亚的种族，将会在那最智慧的国王娶有七百妻、纳有三百妾的闪米特种族的风俗制度中，找到这一问题的最终答案呢？"

从上述冗长的引文里，我有目的地找到了两个词，"女性理想"。那么，中国女性的理想是什么？中国人理想中的女性天性与那种理想之间是什么关系？不过，在进一步探讨之前，我想要说，尽管我对马修·阿诺德和他的印欧种族都很尊重，但是闪米特种族和古代希伯来人的女性理想，并不像这个国王妻妾成群这一事实推断得如此恐怖，因为我们可以在他们的文学作品中找到古代希伯来人的女性理想：

谁能找到一个贞洁的姑娘？

她的价值赛过红宝石的光芒。

丈夫对她有无比坚定的信仰。

天还没亮她就起床，

给家人做好菜蔬食粮，

又给未婚的少女准备嫁妆。

她把手放在纺锤上，

手指拉着线棒。

她不会因为下雪而惆怅，

因为家人身上的衣服温暖又鲜亮。

她能化繁为简，

她的嘴里迸发出智慧的甘泉，

她的舌尖流淌着仁慈的心愿。

她周全地照顾家人的饮食，

从不游手好闲，

孩子们跳跃着给她祝愿，

她的丈夫也祝福她并给她称赞。

　　我认为，闪族人的女性理想并不那么恐怖，毕竟这不是一个糟糕的理想。当然，它不像圣母玛利亚和缪斯女神这种印欧种族的女性理想那么虚无缥缈。无论如何，我认为，必须承认——圣母玛利亚和缪斯非常适合被当作图画挂在人们的房间里，如果你把扫帚塞到缪斯手里，或者把你的玛利亚打发进厨房，可以确信的是，你的房间肯定会凌乱不堪，而这个早上你很可能要把午餐当早餐了。孔子说："道不远人。人之为道而远人，不可以为道（理想不会远离人类生活的现状。当人类把某种远离了人类生活的东西当作了理想，那就不是真正的理想）。"即使希伯来人的女性理想无法和圣母玛利亚或缪斯女神相比，我认为，它至少可以和现代欧洲女性理想，即今日欧美印欧种族的女性理想相提并论。我这里说的不包括英格兰的妇女参政论者。我们可以把古代的希伯来人理想和现代的女性理想作比较，例如小仲马的《茶花女》这种现代小说中的女主人公。顺便提一下，可能会有人感兴趣，在所有被翻译成中文的欧洲文学作品中，小仲马在这部小说里把深陷泥潭的圣母玛利亚作为最高的女性理想，使之成为现代中国最畅销和最成功的作品。这本中文译名为《茶花女》的法国小说，甚至已被改编成戏剧，在中国所有的现代剧院演出。现在，如果你将古代闪族人的女性理想同现代欧洲印欧种族的女性理想相比，把那个给家人穿上漂亮暖和衣服使其不用担心下雪的女人，同那个不用为家人准备御寒衣服（因为她没有家人）而她自己却衣着美丽、其生命最终定格在她胸前的一朵茶花上的茶花女相比，那么你就会理解什么是真实的文明，而什么又是虚伪的、华而不实的文明了。

不仅如此，即使你把古代希伯来人的女性理想，那个手拿纺锤、手指不离线棒，那个周全照顾家人、从不游手好闲的女人，同现代新式的中国妇女，那些手不离钢琴、手拿鲜花，那些穿黄色紧身衣、头上戴满了俗气的黄金饰品，那些在儒家协会的大厅里、在各色人等面前露脸唱歌的女人相比，如果你比较过这两种女性理想，那你就会知道，现代中国真的以迅雷不及掩耳之势迅速逃离了真正的文明。因为在一个民族中，女性是文明之花，体现了整个民族的文明状态。

不过现在，回到我们的问题上：中国的女性理想是什么？我的答案是，中国的女性理想与古代希伯来人的女性理想本质上相同，但还有一个重要的区别，这一点稍后再讲。这两者的共同之处在于，它不是仅仅作为壁画挂在屋子里的理想，也不是一个男人倾其一生去抚爱和崇拜的理想。中国的女性理想就是一个手拿扫帚，打扫房间的理想。事实上，汉字的繁体字"婦"，就是由两个部分构成的——"女"意味着女人，而"帚"代表一把扫帚。在正统的汉语里，一个妇女被称为一个特定房间的管理人——主中馈（厨房的女主人）。确实，这种真正的女性理想——拥有一个真实的，而不是那种华而不实的女性理想，就像古代希伯来人、古希腊人和罗马人，本质上都与中国人的女性理想相同：一个家庭主妇，掌管家务的女人。

现在让我们讲得更详细些。中国人的女性理想，自远古时代传下来，就一直被概括为"三从"和"四德"。那么，什么是"四德"呢？它们首先是"女德"；其次为"女言"；第三为"女容"；最后为"女工"。"女德"并非要特别有才能和智慧，而是要端庄稳重、性格开朗、冰清玉洁、忠贞不渝、整洁大方，具有无可指责的操行和完美的礼仪；"女言"不是要求妇女高谈雄辩或伶牙俐齿，而是说话时字斟句酌，不使用粗鄙、激烈的言辞，知道什么时候开口、什么时候安静。"女容"不要求容颜美丽漂亮，而是外表清洁，穿着打扮无可挑剔；最后，"女工"不需要什么特殊的能力和技巧，只要求她们勤勉地专注于纺织，不要把时间浪费在玩耍嬉戏之中，并要下厨准备好健康卫生的饭菜，尤其是家里来了客人时。这些就是对妇女操行的四条基本要求，记载于汉朝伟大的史学家班固之妹曹大家或曹女士所写的《女戒》[①]中。

那么，中国女性理想中"三从"是什么含义呢？它们真正的意思是三种自我牺牲或"为三种人而生活"。这就是说，当一个女孩未婚时，她要为自己的父亲生活（在家从父）；婚后，她要为自己的丈夫而生活（出嫁从夫）；作为

① 《女戒》是东汉班昭写的一篇教导班家女性做人道理的私书，包括卑弱、夫妇、敬慎、妇行、专心、曲从和叔妹七章。班昭（约49—约120），字惠班，又名姬，班固、班超之妹。班昭是我国历史上第一位女历史学家，在兄班固去世后续写《汉书》。

一个寡妇，她要为她的孩子们而生活（夫死从子）。事实上，在中国，一个女子的主要目标，不是为她自己而生活，或者为社会而生活；不是去当改革家或者妇女天足协会的会长；甚至也不是像一个圣徒那样生活，或者做些对世界有益的事；在中国，一个女子的主要目标就是要做一个好女儿、一个好妻子和一个好母亲。

我的一个外国女性朋友有一次写信问我，你们中国人是否真的像穆斯林一样认为妇女没有灵魂。我给她回信告诉她，我们中国人不抱有女人没有鬼魂的观点，而是我们认为一个妇女——一个真正的中国妇女是没有自我的。既然谈到了中国妇女的这种"没有自我"，我不得不在一个很艰难的问题上说几句话——这是一个不但艰难，而且，我担心，对于那些受过现代欧洲教育的人们来说几乎是匪夷所思的事，即中国的纳妾。这个话题，如果公开讨论的话，恐怕它不仅艰难，还会很危险。但是，就像一首英国诗歌所写的：

这样，傻瓜们冲进了天使都害怕踏入的地方。

在此，我会尽最大努力来解释，为什么纳妾在中国并不像人们所想象的那样是一个不道德的风俗。

关于纳妾这个问题，我想说的第一件事就是，正是由于中国妇女的无私，使纳妾在中国不仅变得可能，而且为人们所接受。不过，在做进一步的论证之前，让我先告诉大家，在中国，纳了妾并不意味着有很多妻子。根据中国的法律，一个男人只允许娶一位妻子，但是他想纳多少侍女或小妾就可以随心所欲了。在日本，一个侍女或者小妾被称为手架或者眼镜架——这就是说，你在疲倦的时候，你的手和眼睛可以有休息的地方。那么，在中国，我说过，女性的理想不是想让一个男人终其一生地去抚爱和崇拜她。中国女性的理想是，作为一个妻子，要绝对地、无私地为丈夫而生活。因此，当丈夫病了或因过度操劳而身心疲惫，需要一个侍女——一个手架或眼镜架，使他重振雄风，尽快适应生活和工作时，中国的妻子便会无私地去服侍他，就好像在欧美，当丈夫病了或有需要的时候，一个好妻子递给他一把扶手椅或一杯山羊奶一样。事实上，在中国，正是妻子的那种无私的精神、责任感以及那种自我牺牲精神，给予了男人们拥有侍女或者纳妾的机会。

但是，人们会问我："为什么只要求妇女无私和牺牲呢？男人们又怎样呢？"对此，我的回答是，一个男人——那个殚精竭虑、辛勤工作来支撑家庭的丈夫，尤其是，如果他是一个君子，不仅要对家庭负责，而且还要对君主和国家尽忠，而且在此过程中，有时甚至要献出生命：他不是也在牺牲吗？康熙皇帝临终前在病榻上发布遗诏，说道："到现在才知道，在中国当一个皇帝，是多么大的牺牲啊！"让我们顺便说一下，J. B. 布兰德（Messrs. J. B. Bland）和白克豪斯先生（Backhouse）在他们最近的书中，却将康熙皇帝描绘成了一个骄傲自大、一无是处、讨厌至极的杨百翰①。不过，对于像布兰德和白克豪斯这样的现代人来说，如果不把纳妾视作可耻的、肮脏的、令人讨厌的事物，那才稀罕了，因为在这种人病态的想象中，除了可耻的、肮脏的、令人讨厌的事物外，别无他物。当然，这些都是题外话。

现在，我想说的是每个真正的中国人的生活——上自皇帝，下至黄包车苦力——以及每一个真正的妇女，是一种牺牲式的生活。在中国，一个妇女的牺牲就是无私地为她的丈夫而生活；而中国男人的牺牲则是供养和保障他的妻子，或者他领回家的女人，也包括她们为他所生孩子的一切开销。对那些对中国男人纳妾说三道四的人，我要说：虽然中国的官吏妻妾成群，但是那些在机动车里的欧洲人，会从大街上捡回一个无家可归的女孩子，而在跟她寻欢作乐了一夜之后，第二天一大早又把她扔回大街上。相比起来，中国男人的自私和邪恶要少一些。纳妾的中国官吏可能更自私，但他至少为自己的妾提供了房子，并承担了他的女人终生的生活费用。如果说中国的官吏是自私的，我认为在机动车里的欧洲人不仅自私，而且懦弱。罗斯金说过："一个真正战士的荣誉，肯定不是杀死了多少敌人，而是愿意并随时做好

---

① 杨百翰，又译名"布里根姆·扬"（Brigham Young, 1801—1877），在摩门教创始人小约瑟夫·史密斯去世后，他担任了教会首领一职。为躲避宗教迫害，他率领摩门教徒长途跋涉来到盐湖城并定居下来。摩门教实行一夫多妻制，杨百翰以娶了 50 个老婆闻名于世。不过，在美国政府和世俗社会的压力下，摩门教早在 1890 年就废除了一夫多妻制。

了被杀死的准备。"同样，我认为，一个妇女的荣誉——在中国，一个真正的妇女不仅要爱并且忠于自己的丈夫，还要完全无私地为她丈夫生活。事实上，这种"无我教"就是中国的妇女，尤其是贤妻或淑女的信仰，就像我在别处解释的"忠诚教"，就是男人的信仰——中国的君子之道一样。除非外国人逐渐理解了这两种"教"——中国人的"忠诚教"和"无我教"，否则，他们绝不能够理解真正的中国男人，或者真正的中国女人。

但是，人们又会问我："那么爱呢？一个真正爱着他的妻子的男人，还会有心去沾惹别的女人吗？"对此，我的回答是：是的——为什么不呢？因为对一个男人对妻子的爱情的检验，不是看他是否拜倒在她脚下，一直爱抚她，而是看他是否竭尽所能而又不失细致周全地保护她，不伤害她。当然，带一个陌生的女人回家，必然会刺激妻子，伤害妻子的感情，但是在这里，我认为，正是这种所谓的"无我教"保护妻子免受伤害：中国妇女的这种绝对的无私，使她有可能看到她的丈夫带着别的女人踏入家门的时候，不至于受伤。换句话说，在中国，正是妻子的无私，允许丈夫纳妾，而不会使自己遍体鳞伤。

在此，我指出一点，因为一个君子——在中国一个真正的君子，没有经过妻子的同意是绝不会纳妾的。同样，在中国，一个真正的贤妻或者淑女，只要她的丈夫有纳妾的正当理由，是绝不会拒绝的。我知道许多事例，因为没有孩子，已过中年的丈夫想纳妾，但是由于妻子拒不同意而只得作罢了。我还知道一个这样的例子：一个丈夫，他的妻子有病，身体很差，因为他不想让妻子做出牺牲，所以在妻子催促他纳妾时，他拒绝了，而他的妻子不仅背着他买回了一个小妾，而且还强迫他把小妾留了下来。事实上，在中国，保护妻子，使其免受妾的辱骂，便是丈夫对妻子的爱。所以，与其说中国的丈夫因为纳妾而无法真正地爱自己的妻子，不如说他们是如此地爱自己的妻子，所以才获得了纳妾的特权和自由，而不必担心滥用这种权力。但是，这种自由、这种特权，有时甚至被十倍地滥用——当这个国家中的男人荣誉感很低的时候，就像现在这种无政府主义的状态。但是我依然要说，在允许丈夫纳妾的中国，丈夫的爱就是对妻子的保护，而且，我必须在此补充一下，同时，这也是他的智慧——真正君子的完美修养。我想知道在普通欧洲人和美国人中间，是否有千分之一的人在家里有两个或两个以上的女人而他家里不会变成一个战场或地狱的。简言之，正是这种智慧，才使得中国的妻子们有可能感到没有受伤害。总之，正是这种"无我教"、对丈夫的绝对无私、丈夫对妻子的爱，加上他的智慧，使得纳妾在中国变得可能，而且为人所接受。孔子说："君子之道，造端乎夫妇。"

现在，可能有些人仍然怀疑中国丈夫们对妻子的爱是否情真意切，为了说服他们，我能从中国的历史和文学中找出充分的证据。为此，我非常乐意在此引用和翻译一首唐代诗人元稹为悼念亡妻而作的挽诗。可惜的是，这首诗太长了，而这篇文章也已经够长的了。那些熟悉中国人的人，如果想要了解一个中国丈夫对他妻子的爱有多深，应该去读一读这首很容易找到的挽诗。而这种爱情是真正的爱情，不是性的激情，然而现在很多人常常把后者误解为爱。它的标题是《遣悲怀》。但是，我也不能只顾自己的意图而引用这首诗，那么我用一个现代诗人的四行短诗来代替它，他曾做过已故总督张之洞的秘书，他偕妻子随总督到达武昌，在那里待了许多年后，他的妻子去世了。随后，他也不得不离开，在临行之际，他写下了这首诗。诗的原文是：

此恨人人有，
百年能有几？
痛哉长江水，
同渡不同归。

这首诗翻译成英语，差不多是这样的：

This grief is common to everyone,
One hundred years how many can attain?
But 'tis heart breaking, o waters of the Yangtze,
Together we came, but together we return not.

诗中的感情真挚感人，同丁尼生的诗比起来，即使超不过他的诗，至少也毫不逊色；但元稹的诗字数更少，语言更为凝练。丁尼生写道：

> 撞碎，撞碎，又撞碎，
> 你撞碎在幽冷的岩石上，
> 啊！海浪！
> ……
> 手已经消失，但你的抚摸依旧滚烫，
> 还有你的声音依然在我耳边回荡！

但是，妻子对她丈夫的爱又是怎样的呢？我认为不需要任何证据来证明了。确实如此，在中国，按照规矩，新郎和新娘只有在结婚那一天才能互相见面，然而，新娘和新郎之间仍然有爱，从唐代的一首四行诗，我们可以看出端倪：

> 洞房昨夜停红烛，
> 待晓堂前拜舅姑。
> 妆罢低声问夫婿，
> 画眉深浅入时无。

上面的这首诗的英文意思差不多是这样的：

In the bridal chamber last night stood red candles,

Waiting for the morning to salute the father and mother in the hall,

Toilet finished, in a low voice she asks her sweetheart husband,

"Are the shades in my painted eyebrows quite à la mode?"

不过，在这里，为了理解上述文字，我必须告诉你们，在中国，婚姻是有讲究的。在中国，每一桩合法的婚姻必须具备"六礼"。第一，问名，即正式提婚；第二，纳彩，接受丝织的礼物，即订立婚约；第三，定期，定下结婚的日子；第四，迎亲，即迎娶新娘；第五，奠雁，在大雁之前奠酒祭神，即盟誓婚姻，据说这是因为大雁是公认的所有物种中最忠贞的动物；第六，庙见——在祭祀的庙里宣告的仪式。这六礼中的最后两项最为重要，因此，我将在下面详细描述。

第四礼，迎娶新娘，现在，除了我的家乡福建省还保留着这种古老的风俗——其他的地区都省了。因为它让新娘子的娘家承担了不菲的花销，也增添了很多麻烦。现在新娘不是被迎娶了，而是被送到新郎家里。当新娘到达的时候，新郎在门口迎接，并亲手打开花轿的门，把新娘领进堂屋里。新郎和新娘在那里拜天地——在门前空地上，摆着一张桌子，上面是两根燃烧着的蜡烛。他们面朝堂屋门口跪下，然后，在新娘带来的两只大雁面前（如果没有大雁，可以用普通的鹅代替），丈夫把祭神的酒倒在地上。这个仪式就是奠雁，在大雁面前奠酒祭神；在男女之间盟誓婚姻——他们发誓对彼此忠诚，就像眼前的这对大雁一样。从这一刻起，可以说，他们此刻已经喜结连理了，但是关系仅受道德的约束，即君子之法的约束，他们已经许下了荣誉的承诺，但还没受到法律的限制。因此，这个仪式可以称作道德的或宗教的婚姻。

然后就是新郎和新娘之间的交拜仪式了。新娘站在堂屋的右边，首先面对新郎跪下，他同时面向她跪地。然后，他们互换位置，新郎这次先跪，新娘同时还礼。这种交拜仪式，毫无疑问地证明了男人和女人、丈夫和妻子之间的关系，完全是平等的。

正如我说的那样，这种盟誓婚姻的仪式可以被称为道德或者宗教婚姻，以区别于三天后的所谓的民事婚姻。在道德或宗教婚姻中，男人和女人在道德律的面前——神的面前结为夫妻。这个契约只单独地存在于这个男人和这个女人之间。在中国，在社会和公民的全部生活中，家庭取代了国家的位置——国家的角色仅仅是上诉的法庭。在我所说的道德或宗教的婚姻中，家庭还没有对男女之间的婚姻或契约进行认定。实际上，从婚礼第一天开始，一直到第三天民事婚姻进行的这段时间内，新娘不但不被引见，而且不允许被丈夫的家人看见。

就这样，新娘和新郎在这两天两夜里，作为恩爱的夫妻一起生活，而不是合法的夫妻。到了第三天——中国婚姻的最后一个仪式到来了——庙见，在祭祀的庙里的宣告仪式或者说民事婚姻。我认为，在第三天举行这个典礼是因为这个做法合乎《礼经》中三日庙见的礼仪。不过，现在为了节省费用、减少麻烦，通常在第二天举行。如果家族的祖庙就在附近，那么，庙见就要在祖庙里进行。但是对于那些居住在城镇的人们来说，如果附近没有祖庙，那么庙见就在小型的祖先祭祀堂或祠堂里进行——在中国，每个有名望的家族，甚至最贫穷的人家都有这样的祖庙或祠堂。这种带牌位的或在墙上贴有红纸的祖庙、祠堂或神龛，就像我上文提到的，它们就是孔子国教的教堂，相当于信仰基督教国家的教堂。

　　这个庙见仪式，由新郎的父亲最先开始跪在祖先的牌位前，对祖宗的亡灵宣告：家族的一位年轻成员现在已经迎娶了妻子进门。如果没有父亲，就由家族中最亲近的年长成员代替。然后，新郎新娘相继跪在同一祖先的灵位前。从这一刻起，这个男人和这个女人正式结为了夫妻——不仅在道德或神的面前，而且在家庭面前、国家面前、法律面前。因此，我称这种庙见的仪式为民事婚姻。在这种民事婚姻之前，这个女人，这个新娘，根据《礼经》的规定，还不是一位合法的妻子（不庙见不成妇）。如果新娘碰巧在庙见之前死了，不许她葬在丈夫的墓地里，而且纪念她的灵位也不能放在丈夫的祖庙里。

在这里，我们可以看出，在中国一个合法的婚约并不是女人和男人之间的事情，而是这个女人同她丈夫家族之间的事情。她不是和这个男人结婚，而是嫁入了他的家族。一位中国女士的名片上，她不写诸如"辜鸿铭夫人"的字样，而是写成"归晋安冯氏裣衽"。在一个妇女同她丈夫的婚约中，丈夫和妻子双方都不能未经夫家同意而解除婚约。

我想在此指出，这一点正是中国的婚姻和欧美婚姻之间的根本不同所在。欧美婚姻在我们看来是一种爱情婚姻，因为西方的婚姻仅受男女之爱约束。而在中国，我说过，是一种民事婚姻，签署协议的不是跟这个女人结婚的男人，而是他的整个家族。在这份协议中，她不仅要对丈夫承担义务，还对他的家族负有责任，通过家庭，再对社会尽责，即对社会或生活秩序尽责；事实上，就是对国家负责。因此，请允许我在这里说，只有欧美人民理解了真正的社会生活的含义，理解并学会了如何做一个真正的公民，即懂得每一个公民不是为了自己活着，而是首先想到的是他的家人，并且通过这种方式维系社会或国家秩序，才可能形成一个真正意义上的稳定社会或国家秩序。就像现在我们见到的欧美国家一样，那里的男女对社会生活没有真正的概念——这样一个拥有全套的议会和统治机器的国家，如果你愿意，你可以称它为一个巨大的商行——或者就跟现实一样，在战争期间，就是一群土匪和海盗——而不是一个国家。

如果你允许的话，我还会说，实际上就是他们的这种把国家当作一个大商行、只考虑其中最大股东们的私利的做法（或许里面还夹杂着土匪合作精神），才导致了欧洲正处于战争的旋涡。简言之，如果没有对社会生活的正确观念，就不会有正确的国家观念，进而就不可能拥有真正的文明。对于中国人来说，一个男人如果尚未结婚、没有家庭、无家可归，他就不会是一名爱国者，如果自诩为爱国者，我们中国人也会叫他强盗爱国者。事实上，要具有一个正确的国家或者社会秩序的观念，一个人必须首先具有正确的家庭观念，而要拥有正确的家庭、家庭生活观念，他必须建立正确的婚姻观念——结婚不是一种爱情婚姻，而是我试图描绘的民事婚姻。

咱们言归正传。现在你们可以为自己勾勒出这样的场景：娇羞的妻子是如何等待天亮，去拜见公婆，梳妆完毕后，对她亲爱的丈夫低声轻语，问她的眉毛画得好看不好看——大家能够从中看出中国的夫妻之间是有爱情的，即使他们在婚前并没有见过面——甚至在婚礼的第三天也是这样。如果，你认为上述爱情不够深挚，那么，再来看看一个妻子给她远行的丈夫写的这两行诗：

当君怀归日，

是妾断肠时。

在莎士比亚的《皆大欢喜》这部喜剧中，罗萨琳德对她的表姐西莉亚说道："哦，表姐，表姐，我美丽的小表姐，你知道我的爱有多深！但是我又不能到处去说，我的爱无人可及，深不见底，跟它比起来葡萄牙海湾都那么的浅！"那么，一个女人的爱——在中国，一个妻子对丈夫的爱，还有那个男人的爱——一个丈夫对妻子的爱，可以说跟罗萨琳德的爱有异曲同工之妙，不能喧嚷，但是相比起来，葡萄牙海湾也是这么浅。

　　然而，我现在要谈谈我说过的中国人的女性理想和古代希伯来人的女性理想之间的差异。在《所罗门之歌》中，希伯来的男子这样表达他对情人的爱："哦，我的爱，你像得撒①（Tirzah）一样美丽，像耶路撒冷一样标致，像揭竿而起的军队一样可怕！"即使在今天，看见了美丽的黑眼睛犹太女人的人都会承认，古代希伯来男人对他们种族的女性理想的描述真实而形象。但是，在中国的女性理想中，我想在此说明，关于中国的女性理想，无论是在肉体上，还是在精神上，都不存在可怕之处。就连中国历史上的海伦——那个"一顾倾人城，再顾倾人国"的美女，她的可怕，只不过是一种比喻。在《中国人的精神》一文中，我说过有一个词可以概括中国式的人性给人留下的整体印象，这是英文"gentle"（温顺）。如果它对真正的中国人是真实的，那么，它对真正的中国妇女来说，就更贴切了。事实上，真正

---

① 所罗门王去世后，耶罗波安是以色列北方部族的第一任王，他把首都从示剑得撒。得撒作为首都，直到暗利为王时，才正式建都撒玛利亚。

的中国人的这种"温顺"，在中国女人心中，变成了甜蜜的温柔。中国女子的那种温柔和顺从，就如同在《失乐园》里弥尔顿在黄昏中，那个女子对她丈夫说的话：

> 你听神的，
> 我听你的，
> 知道的已经够多，
> 女人最幸福的学问和荣誉就是这些。

确实，中国人的女性理想中的这种完美理想品质，你从其他任何民族或者任何文明中，包括希伯来、希腊或者罗马的女性理想中都无法找到。中国女性理想的这种完美的、神圣的温柔，只存在于另一种文明中——文艺复兴时期的基督文明，此时的欧洲文明已经臻于完美。如果你们读过卜伽丘的《十日谈》①中格雷塞尔达②的动人故事，看到其中展现出的真正基督教的女性理想，然后你就会理解，这种完美的顺从，这种神圣的温柔，这种完全无私的温柔——在中国的女性理想中意味着什么。简言之，在这种神圣的温柔品质中，那种真正的基督教的女性理想类似于中国人的女性理想，只是稍有不同。

假如你把基督教中的圣母玛利亚和中国著名艺术家画的

---

① 卜伽丘，Boccacio，意大利作家，著有《十日谈》，内有100个故事。
② 格雷塞尔达，Griselda，女子名，有"顺从而有耐心的女人"之意。

仙女和女鬼图仔细对比——而不是和中国的观音菩萨，你就会发现这种不同之处，基督教女性理想和中国的女性理想是不太一样的。基督教的圣母玛利亚温柔，而中国的女性理想也是如此；玛利亚轻盈，而中国的女性理想亦然。但是，中国的女性理想不止于此；中国的女性理想还温文尔雅。为了对文雅这个词所表达的魅力和优雅有一个概念，你将不得不回到古希腊——

——哦，我愿去斯佩希卓克河流的原野和泰奇塔山麓，那拉哥尼亚少女们跳着酒神舞的地方。

事实上，你也不得不去塞萨利的田野和斯佩西卓克（Spercheios）的溪水旁，到拉哥尼亚少女们载歌载舞的地方——泰奇塔的群山上。

在此，其实我想说的是，自宋朝（公元960年）以来，甚至一直到现在的中国，那些被称作儒家清教徒主义者的宋代哲学家们把儒家精神变得狭隘而僵化，在某种程度上，使中华文明的精神庸俗化了——从那时起，中国的女性失去了许多优雅和魅力——温文尔雅一词所表达的含义。因此，如果你想看到这种优雅与魅力的话，你不得不去日本，至少在那里的妇女，仍然保持着唐朝的纯粹的中华文明。这种优雅与魅力，以及中国女性理想的天生的温柔，共同赋予了日本女人独特的气质——就连当今最贫困的日本妇女也是如此。

关于魅力与优雅的品质，请允许我在此引用马修·阿诺德的几句话，他把粗陋的新教徒的英国女性理想与精致的天主教徒的法国女性理想对比。在比较了欧根尼·德·古宁（法国诗人毛利斯·德·古宁的妹妹）和一个英国女子艾玛·塔莎姆小姐之后，马修·阿诺德说：

法国妇女是朗格多克①的一名天主教徒；英国妇女是马盖特的一名新教徒，而英国新教徒的粗陋形象，出现在所有的议论中，出现在它的一切丑陋不合宜中——而且，让我补充一句，但也表现了它的优点。在这两种生活的外在形态和方式之间，一种是天主教徒欧根尼·德·古宁在朗格多克过圣诞节，在复活节的时候去僻静的教堂做礼拜，她每天诵读，过着圣人一样的生活；另一种，则是塔莎姆小姐新教徒的赤裸的、空洞的和狭隘的英国模式，"教会友谊把她和马盖特霍雷广场的礼拜者们团结起来"，她用柔美、甜美的歌声给人们吟唱：

我主耶稣知道，并且感到他的血液在流动，

这就是生命的永恒，这就是人间天堂！

她是主日学校②的年轻教师，有一个"令人尊敬的唱诗

---

① 朗格多克，Languedoc，古时法国南部的一个省。

② 主日学校，Sunday school，基督教教会为了向儿童灌输宗教思想，在星期天开办儿童班。

081

班领唱托马斯·罗先生"——她们之间的差异是多么大啊！这两种生活的基础相似；她们的环境又是多么的不同啊！不同之处会被认为是细枝末节、无关紧要的。细枝末节——不错；无关紧要——绝不是的。在英国新教的宗教生活模式中，明显缺乏优雅和魅力，这不是无关紧要的；它是一种真正的弱点。这件事你们本应完成，而不是把它留给别人。

最后，我希望在这里为你指出中国人的女性理想中最重要的品质，正因为这种品质，使得中国女性的理想卓尔不群。在中国妇女身上的这种品质是真实的，是每一个主张文明的民族和国家的女性理想所共有的，但是我在此强调，这种品质，在中国女性理想中完美至极，在世界上绝无仅有。我所讲的这一品质，用两个汉字来形容，就是"幽闲"，我在前文所引用的曹女士所著的《女诫》中的引文里，我把它翻译为"modesty and cheerfulness"（谦虚和乐观）。中国的"幽"字，字面的意思是幽静的、隐蔽的、神秘的，而"闲"的字面意思是"安逸或悠闲"。对于中国的"幽"字，英语"modesty, bashfulness"(谦虚、害羞)只能反映它众多含义的一个方面，德语Sittsamkeit与它更接近，但是也许法语pudeur在所有语言中是最接近的。可以说，这种腼腆，这种羞涩，汉字"幽"所表达的这种品质，是一切女性品质之根本。一个女人这种腼腆和羞涩的品质越突出，她就越具有女性气质——越有女人味儿，这样，她离一个完美的或者理想的女人的目标就越近。相反，如果一个女人失去了这种品质，她逐渐丧失了女性的其他特质，失去了她的芳香，而变成一具行尸走肉。因此，正是这种腼腆，这种品质，使得或应当使每一名真正的中国女性本能地觉察、明白，在公共场合抛头露面是不对的；按照中国人的观念，上台并当着众人唱歌，即使在儒家协会的大厅里，也是不妥的。总之，正是这种幽闲，这种隔离的爱，这种对"耀眼的太阳"的敏感反对，这种中国女性理想的腼腆羞涩，赋予了真正的中国女性一种世界上其他民族的女性所没有的芳香，一种比紫罗兰和难以名状的兰花的香气更甜美的芬芳。

我相信，世界上最古老的情诗是两年前我为《北京每日新闻》翻译的《诗经》中的第一篇。诗中是这样描述中国人的女性理想的：

关关雎鸠，

在河之洲。

窈窕淑女，

君子好逑。

"窈窕"一词与"幽闲"含义相同：从字面上讲，"窈"是隐蔽、温顺、怕羞的意思，而"窕"字是有魅力的、文雅的，"淑女"两个字则表示一个坚贞纯洁的少女或妇女。在这首中国最古老的情歌中，你会发现中国女性理想的三个基本品质，即那种若即若离、羞涩腼腆、坚贞纯洁以及难以名状的"温文尔雅"的优雅和魅力。总之，真正的中国女性就是贞洁的、腼腆的、有魅力而又文雅的。那么，这就是中国的女性理想——"中国女子"。

儒家的《中庸》，我曾译作*the Conduct of Life*（人生操守），这本书的第一部分包含了儒家在人生操守方面的实用教义，最后以幸福家庭作为结尾：

> 妻子好合，
>
> 如鼓瑟琴。
>
> 兄弟既翕，
>
> 和乐且耽。
>
> 宜尔室家，
>
> 乐尔妻帑。

在中国，这种家庭就是天堂的缩影——作为一个社会秩序井然的国家，中华帝国是真正的天堂，天堂降临这片土地，降福于中国人民。这样，中国的君子用荣誉感、"忠诚教"来维护社会秩序，他们是国家的守护者；而中国的女性，以她们的魅力和优雅，以她们的纯洁、腼腆，最重要的是她们的"无我教"，成为人间天堂和家的守护天使。

中国的语言

　　所有学习中文的外国人都说汉语非常难学。汉语真的难学吗？在我们回答这个问题之前，无论如何，让我们先了解一下中国语言的含义。每个人都知道，在中国有两种语言——我指的不是方言——那就是书面语和口语。好，那么，顺便问一句，有人知道为什么中国人一定要把口语和书面语分开吗？我在这里给大家解释一下。在中国，跟以前在欧洲出现过的一种情况很相似，当时拉丁语还是学术或书面用语，人们也相应地分为两种截然不同的社会等级，即知识分子和文盲。口语是文盲使用的语言，而书面语是知识分子使用的语言。这样，半文盲在这个国家是不存在的。我认为，那就是中国人坚持使用两种语言的原因。现在，让我们看看拥有一半知识分子的结果。先来看看今日的欧洲和美国，自拉丁文被废止后，书面语与口语的明显区别随之消失，于是涌现出一个半文盲的社会阶层，他们允许使用知识分子的语言，尽管他们对文明、自由、中立、军国主义和泛斯拉夫主义等这些词一无所知，还是一样夸夸其谈。人们说普鲁士军国主义是对文明的威胁，但是对我而言，似乎那些半文盲，当今世上那些半受教育的乌合之众，才是对文明的真正威胁。不过，这是题外话了。

现在，回到原来的问题上：汉语真的是非常难学吗？我的回答是：是，也不是。让我们首先拿口语为例。我认为汉语的口语不仅不难，而且和我熟悉的几种语言相比，它是世界上最容易的语言了——除了马来语之外。汉语口语容易学是因为它极其简单。这种语言没有格式，没有时态，没有规则和不规则动词；实际上，它没有语法，或任何规则。但是人们告诉我，汉语之所以难学恰恰是因为它的简单，因为没有任何规则可循。但是，这种说法不对。因为马来语和汉语一样，也是没有语法或规则的简单语言，然而学习马来语的欧洲人并没觉得难。因此，在本质上，至少就汉语口语来说，是不难的。但是，对于来到中国的欧洲的文化人来说，尤其是对那些半文盲的欧洲人，他们恰恰觉得汉语口语是一种非常困难的语言，这是为什么呢？这是因为口头汉语，就像我说的，是文盲的语言，是完全没有受过教育的人的语言；事实上，是一种儿童语言。那么，作为一个明显的例子，我们知道，欧洲的孩子们多么轻易地学会了汉语口语，而与此同时，那些语言学家和汉学家们却坚持说汉语高不可攀。我再说一遍，汉语，尤其是汉语口语，是一种儿童语言。因此，对那些尝试学习汉语的外国朋友们，我的第一个建议是："使你自己像一个小孩，那时你不仅能进入天国，而且能够学会汉语。"

我们现在回到书面语——书面汉语上。不过，在我进一步论述之前，我要说，汉语的书面语也有不同的种类。传教士们把它们分为两类，称为易文理和难文理。但是，在我看来，这种分类并不令人满意。我认为恰当的分类应该是：简明书面语、统一官方语、宫廷书面语三类。如果你喜欢用拉丁文，可以称为：普通或商务汉语、低级古典汉语和高级古典汉语。

现在，许多外国人都自称或者被称为汉学家。30年前，我在《字林报》上写了一篇关于中国学术的文章——啊，上海那些老去的岁月，斗转星移，早已物是人非[①]——我写道："那些在中国的欧洲人，在他们出版了寥寥数言的方言或收集了百十条汉语谚语之后，便立刻自称为汉学家。""当然，"我说，"光是一个称号倒也无伤大雅，而且根据治外法权条款，一个英国人只要愿意，就可以在中国扬扬得意地称自己是孔子。"其实，我想说的是：那些自称汉学家的外国人，到底又对于中国的高级古典汉语，即宫廷书面语，这部分文明瑰宝知道多少呢？我认为这是一种文明的宝藏，因

[①] 原文是"Tempora mutantur, nos et mutamur in illis"。

为我相信，正如马修·阿诺德对《荷马史诗》的评价一样，高级古典汉语能够"使原始的自然人变得文雅高尚起来：它们能改变他。"事实上，我相信中国高级古典汉语总有一天能够改变那些现在正在欧洲战斗的原始的自然人，他们被当作爱国者，但又具有野生动物的战斗本能；能够将他们改造成和平、温顺和文明的人。正如罗斯金所言，当前文明的目标，是让人们抛弃野蛮、暴力、残忍和争斗，转变为文明人。

那么，言归正传。汉语的书面语是一种很难的语言吗？我的答案还是：既对又不对。我认为汉语的书面语，即使是华美的宫廷语言，也并不难，因为，与汉语口语一样，它是极其简单的。请允许我随便举一个普通的例子，汉语的书面语，即使穿上华美艳丽的宫廷装饰，也是极其简单的。我举一首唐朝的四行诗，它描述了为了保护自己的文明不受北方野蛮凶悍的匈奴的侵犯，中国人民不得不做出怎样的巨大牺牲。这首诗的原文如下：

> 誓扫匈奴不顾身，
> 五千貂锦丧胡尘。
> 可怜无定河边骨，
> 犹是春闺梦里人。①

----

① 这首诗是唐代诗人陈陶的《陇西行》。

逐字翻译为英文，意思就是：

Swear sweep the Huns not care self,

Five thousand embroidery sable perish desert dust.

Alas! Wuting riverside bones,

Still are Spring chambers dream inside men!

自由一点的译本，可以这样翻译：

They vowed to sweep the heathen hordes

From off their native soil die.

Five thousand tasseled knights, sable-clad,

All dead now on the desrt lie.

Alas! the white bones that bleach cold

Far off along the Wuting stream,

Still come and go as living men

Home somewhere in the loved one's dream.

现在，如果把它和我蹩脚笨拙的英译文做一番比较，你会发现汉语原诗的用词和文体是多么的朴素，而概念又是多么的清晰明了。尽管这首诗在词汇、文体和概念上都很朴实、简单，但是它的思想是多么深沉，而感情又是多么诚挚。

为了对这种中国文学有个大体概念——将深沉的思想和诚挚的感情融汇在极其简单的语言中，你必须去读希伯来人的《圣经》。这本《圣经》是世界上所有文学作品中最深奥的著作之一，然而其语言又是那么朴实无华。以其中一段为例："这座贞洁的城市变成了一个妓女！身居要职的人都是最恶心的叛徒和盗贼的同伙；人人喜欢馈赠，人人追求报偿；失去父亲的孩子就被剥夺了诉讼的权利，失去丈夫的女人就失去了公平的机会。"（Is. I 21-23）或者出自同一先知的另一段话："让孩子们做高官，让婴儿统治他们。这些人将受到压迫。孩子们会骄傲地对抗老人，而卑微的人也会对抗那些尊贵的人。"这是怎样的一个场景啊！对于一个国家或民族来说，这是一种多么可怕的状态。你以前见过吗？实际上，如果你想拥有一种改变人类、使他们开化的文学，你必须走进希伯来人、希腊人或者中国人的文学中去。但是现在，希伯来语和希腊语已经消亡，而汉语仍然生机盎然——如今仍然活跃在四亿人的生活中。

那么，现在我概括一下想说的话。汉语的口语和书面语一样，在某种程度上是很难的一门语言。说它难学，并不是因为它有多复杂。许多欧洲语言，像拉丁语和法语都很难学，这是因为它们复杂，而且有很多规则。汉语的难点不是这些，而是因为它的深奥。它要用简单的语句来表达深邃的感情，这就是它的难学之处。正如我在别处说过的那样，汉语是一种心灵的语言：一种充满诗意的语言。这就是为什么用古汉语写的散文中，即便是一封便信也像一首诗的原因。要理解书面汉语，尤其是我所称的华丽的宫廷汉语，你必须让你的全部天性——心灵与头脑、精神和智力协同发展。

正是这个原因，对于受过现代欧洲教育的人们来说，汉语特别难学，因为现代的欧洲教育，只发展人的一部分天性——智力。换句话说，他们之所以觉得汉语难学，是因为汉语是一门深邃的语言，而欧洲现代教育只重数量，不重质量，容易使人变得浅薄。最后，对于那些半文盲而言，即使是口头语言，也是很难的。他们也许跟那些富人一样，想让他们理解高级古典汉语，比让骆驼穿过针眼还难。正是因为这个原因：书面汉语仅供文人使用。简单来说，书面汉语、古汉语难学，因为它们是真正文人的语言，而真正的教育本身就是一件困难的事。不过，希腊有句谚语说得很好："因为美好，所以困难。"

然而，在我下结论之前，让我再举一个书面语的例子，来阐明我所讲的朴素而又深挚的情感，即使在低级的古典汉语（用统一的官方汉语所写的文学作品）中，也可以发现。这是一个现代诗人在除夕夜写的一首四行诗。原文如下：

示内
莫道家贫卒岁难，
北风会过几番寒。

明年桃柳堂前树，

还汝春光满眼看。

把这首诗逐字翻译成英语——

Don't say home poor pass year hard,

North wind has blown many times cold;

Next year peach willow hall front trees,

Pay-back you spring light full eyes see.

可以更自由一点，翻译成：

TO MY WIFE

Fret not，—though poor we yet can pass the year;

Let the north wind blow ne'er so chill and drear,

Next year when peach and willow are in bloom,

You'll yet see Spring and sunlight in our home.

这里还有一个年代更久、内容更长的例子。它是中国的华兹华斯——唐代诗人杜甫的一首诗[1]。我在这里先给出我的英文翻译。题目是：

---

[1] 这首诗即唐代诗人杜甫的《赠卫八处士》。

MEETING WITH AN OLD FRIEND

In life,   friends seldom are brought near;

Like stars,   each one shines in its sphere.

Tonight,   —oh!   what a happy night!

We sit beneath the same lamplight.

Our youth and strength last but a day.

You and I—ah!   our hairs are grey.

Friends!   Half are in a better land,

With tears we grasp each other's hand.

Twenty more years,   —short,   after all,

I once again ascend your hall.

When we met,   you had not a wife;

Now you have children,   —such is life!

Beaming,   they greet their father's chum;

They ask me from where I have come.

Before we say,   we each have said,

The table is already laid.

Fresh salads from the garden near,

Rice mixed with millet,   —frugal cheer.

When shall we meet? 'tis hard to know,

And so let the wine freely flow.

This wine,   I know,   will do no harm.

My old friend's welcome is so warm.

Tomorrow I go，—to be whirled.

Again into the wide， wide world.

　　以上是我翻译的版本，我承认，几乎就是打油诗，它仅仅给出了中文原诗的大意。但是，这首诗的原作却是真正的诗歌——接近于白话的简洁，却带着一种优雅、高贵和哀婉，而这种高贵是我无法再现的，而且在英语中很难找出这样简单的语言将其再现。

人生不相见，动如参与商。

今夕复何夕，共此灯烛光。

少壮能几时？鬓发各已苍。

访旧半为鬼，惊呼热中肠。

焉知二十载，重上君子堂。

昔别君未婚，儿女忽成行。

怡然敬父执，问我来何方，

问答乃未已，驱儿罗酒浆。

夜雨剪春韭，新炊间黄粱。

主称会面难，一举累十觞。

十觞亦不醉，感君故意长。

明日隔山岳，世事两茫茫。

约翰·史密斯在中国

腓力斯人不仅忽视他人的所有生活条件，而且他还要求别人步其后尘，改变原有的生活方式。①

——歌德

斯特德先生曾经问："玛丽·科里利②名气这么大的秘密是什么呢？"他自己的回答是："因为有其作者，必有其读者；那些阅读她的小说的约翰·史密斯③们，生活在玛丽·科

---

① "Der philister negiert nicht nur andere Zustande als der seininge ist, er will auch dass alle ubrigen Menschen auf seine Weise existieren sollen." ——GETHE.

② 玛丽·科里利，Marie Corelli，英国女作家，写过28部浪漫主义长篇小说，情节感人，极其受读者欢迎。

③ 约翰·史密斯，那些自认为比中国人优越、想以盎格鲁—撒克逊观念开化中国人的英国人。

里利的世界里，认为她就是他们生活、活动和生存的这个世界中的权威。"对于约翰·史密斯们来讲，英国的玛丽·科里利，就如同在中国的亚瑟·史密斯^①一样。

那么，真正的文化人和半文盲的区别正在于此。真正的知识分子想读一些能告诉他真理的书，而半文盲宁愿读那些能满足他的先入之见的书，他的自负使得他认为世界本来如此。中国的约翰·史密斯们非常想成为比中国人更优秀的大人物，尊敬的亚瑟·史密斯牧师写了一本书，最终证明了他们——约翰·史密斯们——比中国人更高级，而《中国人的特征》一书也成了约翰·史密斯的《圣经》。

不过，斯特德先生说："正是约翰·史密斯以及他的邻居们正在统治着大英帝国。"因此，我近来不厌其烦地阅读那些提供给约翰·史密斯的关于中国和中国人观念的书。

这个餐桌上的独裁者将智力划分为算术型智力和代数型智力。"所有的经济和实用的智慧，"他评论说，"都是'2+2=4'这种算数公式的扩展或变化。每一个哲学命题，更具有'a+b=c'这种表达式的一般特性。"现在，约翰·史密斯整个家族，绝对属于算数型智力。约翰·史密斯的父亲，老约翰·史密斯，化名为约翰·布尔，把自己的命运与"2+2=4"的简单公式联系在了一起。约翰·布尔来到中国

---

① 亚瑟·史密斯（Arthur Henderson Smith，1845—1932），中文名明恩溥，美国传教士、基督教活动家、神学家。

销售他的曼彻斯特货物，而为了挣钱，他和中国人约翰[①]相处得很是融洽，因为他们都理解并完全承认"2+2=4"的公式。但是，现在统治英国的小约翰·史密斯来到中国，满脑子都是"a+b=c"，然而，他并不理解是什么意思——而且他不再满足于出售曼彻斯特货物，还想教化中国人，或者像他自己所说的一样，要"传播盎格鲁－撒克逊观念"。结果是约翰·史密斯与中国人约翰关系糟糕至极，而且，更糟糕的是，在约翰·史密斯的盎格鲁－撒克逊观念的开化影响下，中国人约翰不再是良好的、诚实的、忠实的顾客，他不顾自己的生意，到"张园"去庆祝立宪，实际上变成了一个狂热的改良者。

近来，我从普特拉姆·威尔的《改造远东》和其他书籍中得到启发，尝试着去编译一本关于盎格鲁－撒克逊观念的问答集，供中国学生使用。结果，到目前为止，只有以下这些东西：

1.——人的主要目标是什么？

使大英帝国更加荣耀。

2.——你信仰神吗？

是的，当我去教堂的时候。

3.——当你不在教堂的时候，你信仰什么？

---

① 中国人约翰：这里特指热衷于与西方人打交道，接受西方"开化"的那些中国人。

我信仰利益——信仰有价值的东西。

4.——信念的理由是什么？

相信每个人都依靠自己的力量。

5.——工作的理由是什么？

把钱装进自己的腰包。

6.——天堂是什么？

天堂意味着能住在百乐门①大街，并拥有四轮的折篷马车。

7.——地狱是什么？

地狱意味着失败。

8.——人类的理想状态是什么？

像罗伯特·赫德先生一样在中国的海关任职。

9.——亵渎是什么？

否认罗伯特·赫德先生是伟大的天才。

10.——什么最邪恶？

妨碍英国的贸易。

11.——神创造了四万万中国人，是出于什么目的？

为了让英国人发展贸易。

12.——当你祈祷时，你用什么样的方式？

我们感谢你，上帝啊，我们与邪恶的俄国佬和

---

① 上海最时髦的地区。——作者原注

残忍的德国佬不一样，他们想瓜分中国。

13.——在中国，谁是盎格鲁－撒克逊观念的伟大的传道者？

马礼逊（Morrison）博士，《泰晤士报》驻北京的通讯记者。

如果上文是对盎格鲁－撒克逊观念的真实陈述，或许有诽谤的嫌疑，但是，凡是有耐心阅读普特拉姆·威尔著作的人，都不会否认上述的说法，包括读过他的书的约翰·史密斯们。

令人奇怪的是，这种约翰·史密斯的盎格鲁－撒克逊观念的教化确实影响了中国。在这种影响下，中国人约翰现在也想使中华帝国更荣耀。精通八股文的中国老朽们倒也成不了气候。但是外国人将会发现，他们将为此付出代价，因为那些在这种观念影响下叫着喊着立宪的中国新式文人，可能会成为一种难以忍受的、危险的麻烦。

最后，恐怕老约翰·布尔发现他的货物贸易毁于一旦，而且他还会不得不花费金钱，派遣一个戈登将军或者基席勒勋爵去射杀已被这种观念搞得精神错乱的可怜老友——中国人约翰了。不过，这是题外话了。

我想在此通俗易懂地说明这就是有理智的英国人所做的事。对我来说，那些来到中国的英国人，脑子里装满了别人放的臭屁，如果他们会跟中国人打交道、友好相处的话，那倒奇怪了。例如，我们拿亚历克西斯·克劳斯的一大卷题为"远东：它的历史和问题"的书举个例子。

"对于东方精神内在品质的正确评价，这个关键问题，影响着西方国家在远东的影响力。东方人看问题的观点、思维过程和推理方式都不同于西方人。亚洲人身上的知觉也与我们不一样。"

在读完最后一句话后，在中国的英国人，如果他听从了语无伦次的克劳斯先生的建议，那么当他需要一张白纸时，他就会对他的儿子说："儿子，给我拿一张黑纸来。"我认为，为了那些在中国的实践者的名誉，当跟中国人打交道时，能把这些屁话抛在一边。我相信，那些与中国人相处融洽的外国人和在中国最成功的人，是坚持"2+2=4"而抛弃"a+b=c"（即所谓的东方内在性质和盎格鲁-撒克逊观念）理论的人。确实，当人们怀想起往昔的岁月，在尊敬的亚瑟·史密斯牧师写出他的《中国人的特征》之前，大英国公司的老板或者大班①，比如查顿、马迪臣，他们与中国的买办②一直是互相依赖；当人们想起这一点时，就很可能会问：聪明的约翰·史密斯宣扬他自己的一套理论，对中国人或者外国人究竟有什么好处呢？

吉卜林的著名格言是"东就是东，西就是西"，难道没

---

① 大班，即旧中国的洋行老板。
② 被在中国的外国公司雇用，而成为外国公司和中国商人之间的代理人的中国人。

有一点道理吗？当然有！当你处理"2+2=4"的时候，差异很小或者没有。只有当你处理像"a+b=c"这样的问题时，东西方之间才存在很大的差异。但是要解决东西方之间"a+b=c"的方程问题，一个人必须具备高等数学的真正才能。当今世界的不幸在于，远东问题的"a+b=c"的解决方案，掌握在约翰·史密斯手中，他不仅统治着大英帝国，而且与日本勾结，——他甚至连代数问题的基本要素都搞不清楚。东西方之间的方程问题很复杂，也很棘手。因为，其中包含着许多不为人知的因素，孔子和康有为先生的东方观念，也有端方总督的东方理念，而且囊括了莎士比亚、歌德的西方观念，还包括约翰·史密斯的西方看法，它们都各不相同。实际上，当你正确地解决了这个方程式的时候，你就会发现其实孔子的东方与莎士比亚、歌德的西方之间的差异微乎其微，而学者理雅各博士的西方与亚瑟·史密斯牧师的西方之间却存在巨大的差别。让我举一个例子来说明。

尊敬的亚瑟·史密斯牧师在谈论中国的历史时说：

"中国的历史是极其古老的，它就像回到了历史的起点，它又像漫无边际的一片水域，水流缓慢、包罗万象，不仅包含了过去的植被，还保留了木头、干草和断茬儿。只有历史悠久的民族才能读懂这样的历史：只有中国人才能把它全部装在自己宽大的肚子里。"

现在，让我们听听理雅各博士对同样的主题的论述。理雅各博士在谈到中国23个标准的朝代历史时说：

101

"没有其他民族有这样彻底的融会贯通的历史；并且大体上是可信的。"

说到另一本伟大的中国文集时，理雅各博士说道："跟我曾料想的一样，这本著作没有被皇家权威部门出版，而是在两广总督阮元的监督和资助下（也有其他官员的帮助），在乾隆最后统治的第九年即1820年出版了。一部如此大型的著作的出版，显示了中国高官中的公益精神，这会让外国人刮目相看。"

以上就是我的意思。我认为，不仅东西方之间存在显著差异，而且理雅各博士和亚瑟·史密斯牧师眼中的西方也迥然不同。

一个伟大的汉学家

汝为君子儒，无为小人儒！（当你试图成为一
个伟大的学者时，不要忘记做一个理性的君子；
当你试图成为一个伟大的学者时，不要成为一个
傻瓜。）

——《论语·雍也第六》

最近，我读了翟里斯博士的《中国纪事》，在读的过程
中，我想起了另一位英国领事霍普金斯（Hopkins）先生的一
句话："当旅居中国的外国侨民把一个人作为汉学家来谈论
的时候，通常是把他们当傻瓜看的。"

翟里斯博士被称为一个伟大的汉学家。考虑到他写作的
数量，也算不上是浪得虚名。但是，我认为现在是对翟里斯

博士著作的质量和真正价值做评判的时候了。

一方面，翟里斯博士具有文学天赋，这一优势超越古往今来其他的汉学家：他写出的英文地道而优美。但是，另一方面，他缺少哲学思维，甚至有时候完全不懂常识。他能够翻译中文的句子，但是他不能解释和理解中国的思想。在这一点上，翟里斯博士和中国文人具有相同的特征。孔子说："文胜质则史（当人类的教育或者知识战胜了他们的天生品质时，他们就成了文人）。"（《论语》第六篇 .16）

对中国的文人来说，书籍和文学只不过是写书的材料而已，所以他们不厌其烦地著书立说。他们在书的世界中生活、运动、存在，与真实的人类世界没有什么关系。在真正的学者看来，对书籍和文学作品的研究只是他们解释、批评和认识人类生活的手段。

马修·阿诺德说过："正是通过理解所有的文学作品——人类精神的完整历史，或者把一部伟大的文学著作当作一个整体来理解，文学的力量才能被感知。"但是在翟里斯博士所有的著作中，没有一句话能透露出他曾经试图把中国文学当作一个整体来研究的迹象。

正是由于翟里斯博士身上哲学思维的匮乏，使得他著作的编排毫无章法可言。以他的大字典为例，那根本称不上是一本字典，仅仅是一本汉语词汇和句集，而没有任何的选择、安排、顺序或方法。作为一本供学者使用的字典，翟里斯博士的这本字典的价值绝对比不上威廉姆博士所编的旧字典。

　　必须承认，翟里斯博士的那本传记词典，是一本劳神费力的鸿篇巨著。但是，翟里斯博士在这里又一次显示出他完全缺乏常识。在这样的一部著作中，人们只能找到一些非常著名的人物的短评。

　　　　这里有一群为国家战斗而受伤的人，

　　　　还有一些在世时则是圣洁的祭司，

　　　　有的是虔诚的诗人，曾吟唱出不逊于费布思的

　　诗句，

　　　　有的则是具有创造精神的艺术家，让人民的生

　　活多姿多彩，

　　　　还有一些人也留下了让人怀念的业绩。①

　　但是，我们发现，在这部字典中，古代的圣贤和英雄，与神话人物并列，陈季同将军、辜鸿铭先生、张之洞总督和刘布船长，——他们唯一有区别的条目就是：最后一个人常常用无数的香槟酒来招待他的外国朋友。

---

① 原文是：

　　　Hic manus ob patriam pugnando vulnera passi,
　　　Quique sacerdotes casti,　dum vita manebat,
　　　Quique pii vates et Phoebo digna locuti,
　　　Inventas aut qui vitam excoluere per artes,
　　　Quique sui memores aliquos fecere merendo.

最后，这些"记事"（翟里斯博士最近出版的一本书），我担心，也不会让翟里斯博士因为高超的辨别力和判断力而名声大噪。他写的内容通常没有实际的或者人性的意义。实际上，翟里斯博士不厌其烦地推出这些著作，不是想要告诉世界关于中国人和他们的文学，而是为了展示"我翟里斯博士是一个多么有学问的汉学家，我比其他任何人都更懂得中国"。此外，翟里斯博士总是表现出一种苛刻而好斗的教条主义，既缺乏哲理，又不符合一个学者的标准，令人不愉快。恰如霍普金斯先生所言，正是像翟里斯博士这样的汉学家体现出来的这些特征，使得远东外国人中的汉学家和汉学者的称号成了笑柄，并受人讥讽。

在此，我将从翟里斯博士最近出版的书中选择两篇文章，并试图加以说明：如果迄今为止外国学者关于中国的国学和文学的著作没有人性的或者实际的意义的话，那么这也并不是中国国学和文学本身的问题。

第一篇文章的题目叫"何为孝"。这篇文章的观点主要取决于两个中国汉字的意思。孔子的一个弟子问他："何为孝？"孔子说："色难。"

翟里斯博士说："两千多年过去了，问题依然存在，那就是这两个汉字究竟是什么意思呢？"在引用和排除了本国和外国同一领域的学者们的所有解释和翻译之后，翟里斯博士理所当然地发现了它的真正含义。为了展示翟里斯博士那严苛而又业余的教条风格，我在此引用他声称他发现了什么

的原话。翟里斯博士说:

在上述绪论之后,要宣布它的意思其实就在表面,也许有些自以为是,不过,你要做的就是,像这首诗所说的那样:

弯腰,它就在你下面,

找它,不用左顾右盼。

当子夏问孔子"何为孝"时,后者简单地答道:

"'色'就是详细说明它,'难'就是很困难。"这是一个最容易理解而且最恰当的回答。

在此,我不愿意讨论准确的汉语语法,来证明翟里斯博士犯了一个错误。我只是想说,如果翟里斯博士的假设是正确的,即把汉字"色"当成动词,那么在合乎语法的汉语里,这句话不会被读作"色难",而是用"色之维难"来形容它。如果汉字"色"在这里用作动词,那么这里的非人称代词"之"是绝对不能缺少的。

但是,除了不符合准确的语法之外,翟里斯博士翻译的孔子的回答,根本不在点上,也没有任何意义。

子夏问:"何为孝?"孔子答曰:"色难。有事,弟子服其劳,有酒食,先生馔,曾是以为孝乎?"(难点是做的态度。当有事要做的时候,年轻人应该不怕麻烦地去做,而当有酒食之时，家中的长辈可以先享用——你真的认为这就是孝吗？）[①]现在，上文所有的观点就在于此，——重要的不是你对父母履行了什么责任，而是在于你如何——用什么方式、用什么样的态度去做的。

孔子道德教义的伟大与真正功效，恰恰在于翟里斯博士未能看到的这一点上——即在道德义务的履行上，孔子强调的重点不在于做什么，而在于如何去做。道德与宗教的区别也正在于此，这也是道德行为准则跟伟大宗教领袖生动形象的教导之间的差异。道德导师只会告诉你什么样的行为合乎道德，什么样的行为是不道德的。真正的宗教领袖谆谆教导人们的外在行为，而且强调态度的重要性，在于我们如何去做。

这就是马修·阿诺德所说的基督在他的教义中使用的方法。当一个可怜的寡妇给了耶稣一点点钱时，基督提醒他的门徒注意，不是她给了什么，而是她以什么方式给。道德家们说："你不许通奸。"但是基督说："我对你说，无论谁，当他贪婪地看着一个女人时，他就已经犯了通奸罪。"

同样地，孔子时代的道德家们说，孩子们必须为他们的父母砍柴挑水，把家里最好的食物和酒让给父母——那就是孝。但是孔子说："不，那不是孝。"真正的孝不是对我们的父母做些表面文章，真正的孝在于怎样去做，用什么方式

---

① 《论语》Chap. Ⅱ 9。——作者原注

去做，用什么态度去做。我最后想说的是，孔子用这种教导的方式，是看到了道德行为的内在本质，孔子成为一个真正伟大的宗教领袖，而不是一些基督传教士所说的，仅仅是一个道德家和哲学家。

为了进一步阐述孔子的方法，我将以现在中国的改革运动为例。那些号称改革者的清朝大员，受到了外国报纸的热烈欢迎，正大张旗鼓地鼓吹改革——他们甚至想去欧洲和美国，试图找到适合中国的改革方案。但不幸的是，拯救中国的不是改革的内容，而是这些改革措施得以实现的方式。不过非常遗憾，这些改革派既没有去欧洲和美国去研究宪法，也没有在国内好好研究孔子。只有这些官员真正领悟了孔子的教义和方法，把重心放在改革的方式，而不是仅改些什么，才不至于在目前的改革中出现混乱、不幸和痛苦。

我将简要地回顾一下翟里斯博士《中国纪事》中的另一篇论文，题目是：《四个阶层》。

日本人末松男爵在一次采访中说，日本人把他们的人民分为四个阶层——士兵、农民、工匠和武士。对此，翟里斯博士说："将'士'翻译成'士兵'，这是不对的；那是后来才有的意思。"他进一步解释说："'士'这个词最早指的是文官。"

不过，事实恰恰相反。"士"这个词最早的用法，是指古代中国的君子，就像现在欧洲那些肩负武器——佩剑的贵族阶层一样。因此，军队里的官兵被称为士卒。

古代中国的文官阶层都被称为"史"。当中国的封建制度被废除（公元前2世纪），而打仗不再是君子的唯一职业的时候，文官阶层开始崛起，他们成了立法者，形成了长袍贵族阶层，以区别于佩剑贵族，即"士"。

武昌总督张之洞阁下有一次问我，说外国领事是文职官员，为什么穿礼服的时候要佩剑。我回答说：因为他们是"士"，是手拿武器、在军队中服役的士兵，不是中国古代的那种文官学者。总督阁下表示赞同，并于次日下令武昌的学堂，让所有的学生都换上军用制服。

因此，翟里斯博士提出的汉字"士"到底是指文官还是武将的这个问题，具有重大的现实意义。因为将来中国是独立自主，还是受制于人，都依赖于中国能否拥有骁勇善战的精锐部队，而这个问题又取决于中国那些受过教育的统治阶级能否重新认识到"士"字古代的真正含义，它不是指文官学者，而是肩负武器、保家卫国的君子。

中国学（一）

不久前，一个传教士团体为了赶时髦，闹了很多笑话，因为他们在一些科学宣传册的封面上称呼自己"著名专家"——"宿儒"。这个主意当然是极其可笑的。可以肯定，在整个中华帝国内，还没有一个中国人斗胆自诩为"儒"，这个"儒"字包含了一个学者或文人所有的最高品质。但是，我们会经常听到某个欧洲人被称作汉学家。在《中国评论》的广告里有句话："传教士们勤奋钻研，他们开创了汉学研究的新高度。"随后是经常投稿者的名单，我们有理由相信："所有提到名字的这些人，他们学识渊博，专业精通。"

要估量那种被称为在华传教士辛勤耕耘的学问的高度，我们不必拿德国人费希特在他关于《文人》的演讲里，或美国人爱默生在其《文学伦理学》中所提出的高标准来衡量。

已故的美国驻德公使泰勒先生是公认的伟大的国学家；一个读过几个席勒剧本，或在某杂志发表过一些海涅诗歌译作的英国人，尽管可以在他的社交圈子里被认作是"德国学"家，但他却绝不会在印刷品中公然以此自称。可现在那些在中国的欧洲人，只出版了几本关于中国某些省份的方言录，或百十条谚语的汇编，就立刻被冠以汉学家的美称。当然，只取一个名目倒也无妨，凭着条约中的治外法权，一个在华的英国人，只要他乐意，随时都可以扬扬得意地自称为孔子。

我们不得不考虑这样一个问题，因为在某些人看来，中国学已超越了早期开拓时期，即将要进入到一个新阶段了。在这一阶段中，研究中国的人们将不再满足于编纂字典或诸如此类搬砖运土的工作，而试图去构筑高楼大厦、翻译文学中最完美的作品，不仅以理性思辨和充分的论据去评判，而且要为中国文学圣殿中那些最受推崇的文学家盖棺定论。下面，我打算做如下几点考察：首先，看看正经历着上述变化的欧洲人中，他们关于中国的知识真实程度如何；其次，看看他们在中国学方面做了些什么；再次，看看目前中国学的实际状况如何；最后，指出我们所构想的中国学是什么样的。常言道，一个站在巨人肩上的侏儒，容易把自己想象成比巨人更加伟大。但尽管如此，必须承认，那个侏儒，利用他位置的优势，必定会看得更加宽广。因此，让我们站在前辈们的肩上，纵览一下中国学的过去、现在和未来。在这一过程中，如果我们提出与先辈们不完全相同的意见，这些意见，我们不希望被看作有任何自傲的情绪：我们宣称的只是自己位置上的优势。

首先，欧洲人的中国知识已经发生了变化，目前看来是这样的，对我们来说，学习一门语言的大部分困难好像已经解决了。"人们曾经普遍相信"，翟里斯博士说，"要学会一种口语——即使是一门单独的汉语方言也是相当困难的，在其他历史小说中也出现过这种情况。"情况确实如此，即使书面语言也是这样，一个英国领事馆的学生，在北京待了两年，又在领事馆工作了一两年后，就能够很轻松地看懂一封普通书信了。在华外国人的汉语知识发生了这种程度的变化，我们很赞同；但是，如果说超过了这种程度，我们便会深感怀疑。

在早期的耶稣会传教士之后，马礼逊博士著名字典的出版被公认为是中国学的新起点。这部字典确实算得上早期新教教徒用真诚、热情和责任心铸成的一座丰碑。之后的一批学者以约翰·戴维斯爵士和郭士腊博士为代表。戴维斯爵士对汉语一窍不通，他也诚实地坦白了这一点。他当然会说汉语的官话，可能读官话的小说也不成问题。但是，以他当时的水平，在今天任何一个领事馆谋个差都比登天还难。但是值得注意的是，即使到了今天，大部分英国人关于中国的印象，仍然是从戴维斯爵士的书中获得的。郭士腊博士懂的汉语可能比戴维斯爵士多一些，但是，他自己却故步自封，不思进取。已故的托马斯·麦多士先生把郭士腊博士的老底给翻了个底朝天，让他的自负暴露在了阳光下，其他人还有传教士休（Hue）和杜赫德（Du Halde)。在这之后，让人纳闷的是鲍尔阁先生在他刚刚出版的《中国历史》中居然把这些人列为权威。

　　法国人雷慕莎是欧洲最早获得汉语教授职称的人。对于他付出的努力，我们不能加以妄议。但是，他曾经写过一本引人瞩目的书：译本《双堂妹》。利·亨特（Leigh Hunt）读过这本书之后，就交给了卡莱尔，然后卡莱尔又传给了约翰·斯特林（John Stirling），他高兴地读完了这本书，并且说这本书的作者一定是个天才，而且"这个人一定是龙的传人"。这本书的中文名是《玉娇梨》，正如它的中文名称，这是让人愉悦的一部作品。但是，就拿来做范例的书而言，它在中下等的作品中也籍籍无名。尽管如此，来源于中国人头脑的思想和想象，得到了卡莱尔和利·亨特这样的人的认可，想想也是件值得高兴的事。

　　雷慕莎之后，紧接着便是斯坦尼斯拉斯·儒莲（Stanislas Julien）和波迪埃（Pauthier）。德国诗人海涅说，儒莲有了一个令人吃惊的重大发现，那就是波迪埃先生对汉语一无所知，而后者也不甘示弱，他发现儒莲先生对梵语也是一窍不通。但是他们的先驱工作意义重大。他们的一个优势就是十分精通自己的母语。另一个值得一提的是法国作家德里文先生，他对唐诗进行了开创性的翻译，打开了中国文学这个宝库的大门。

德国慕尼黑的帕拉特（Plath）博士出版了一本关于中国的书，命名为《满族人》。它继承了德语作品的传统，是一本质量上乘之作。这本书的目的是探究满王朝的起源。但是，这本书后半部分包含了中国问题的信息，是在用欧洲语言写的任何一本书里都找不到的。跟它相比，像威廉姆（William）博士的《中国总论》这样的著作，简直就是童话书。另一位德国的汉学家是斯特劳斯（Herr Von Strauss），他以前是一个小德意志公国的公使，这个国家后来被普鲁士吞并。他在退休后研究汉语，来找些乐趣。他出版了一本《老子》的译作，最近又出版了德语版的《诗经》。广东的法布尔（Faber）先生翻译的《老子》中的某些部分是完美的。据说他翻译的诗赋也相当传神。可惜的是，我们没有读过这些书。

从编字典的马礼逊博士开始，到上面所提到的学者，大都被认为是早期的汉学家。第二阶段的标志是两本优秀著作的出现：一本是托马斯·威登（Thomas Wade）的《自迩集》；另一本是理雅各博士的《中国经典》。

汉语水平超过了官方口语的人可能会对第一本书嗤之以鼻。尽管如此，它仍然是一部伟大的著作——在所触及的范围之内，就已经出版的关于中国的英文书籍来说，这本书堪称完美。而且，这本书满足了时代的需求。时代要求有这样的作品，瞧！它已经出现了，而且是用一种前无古人后无来者的方式呈献给大家的。

理雅各博士完成的翻译工作，也是中国经典的翻译工作必须要做的，因为这是响应时代的号召，结果是换来了十几部连篇累牍的厚重书卷。暂且不论译作的质量如何，单这么大的量而言，就只有令人闻声色变、不寒而栗的分儿了。它们的数量甚至让我们闻之色变。然而，我们也必须承认，这些著作的质量并不是完美无缺的。巴尔夫（Balfour）曾公允地评论说，这些经典的翻译主要依靠译者所使用的术语。我们可以觉察到理雅各博士使用的术语生硬刻板、简单粗糙、不合时宜，有的表达甚至不符合语言习惯。

目前为止，我们是仅就形式而言的。对于内容，我们大可以韬光养晦，让广东的法布尔牧师为我们代言。"理雅各博士对孟子所做的注释，"他说，"表明了理雅各博士并不理解作者的哲学思想。"我们可以肯定的是，理雅各博士在阅读和翻译这些著作的时候，肯定把孔子的教义及其学派从整体上进行了构思和定型；然而，无论是在他的注释中，还是在论述中，他不会放过任何一个词或者句子，以便从哲学整体上来考量孔子的教义，这一点倒是很特别。总之，理雅各博士对这些著作所做的价值判断，无论如何不能作为亘古不变的真理广为传播，而中国经典的译者仍将陆续涌现。自从上面两本书出现之后，有关中国的著作便如雨后春笋般层出不穷：的确有一些具有重要的学术价值；但是，我们无法相信它们中间的哪一本已能表明中国学已经到达了一个重要的转折点。

首先说一下韦列立（Wylie）先生的《中国文学札记》，它仅仅是一本目录而已，没有任何文学方面的见解。另一本是已故的迈耶斯（Mayers）先生的《汉语读者指南》。当然，它不是一本完美的著作。然而，它却是一部伟大的作品，因为在关于中国的著作中，这本书是最忠实、最认真、最质朴的了。而且，它的权威性仅次于威登爵士的《自迩集》。

另一个汉学家是英国领事馆的翟里斯（Giles）先生。与早期的法国汉学家一样，翟里斯先生的风格清晰、活泼、优美，这一优点令人艳羡。任何事物只要接触他的笔尖，就立刻跃然纸上，变得熠熠生辉。但是也发生过一两个意外，他选翻译对象时不太走运，真是有点屈才了。一个例外就是《聊斋志异》的翻译，它可以被看作英译本的经典之作。尽管《聊斋志异》是一部非常优美的文学作品，但是它仍然不能登上中国文学的巅峰。

接替理雅各博士的是巴尔夫先生，他翻译庄子的《南华经》肯定抱着凌云壮志。应该承认，当我们第一次听到这个消息时，我们满怀期待、真心高兴，比听到一个英国人进了翰林院的兴奋有过之而无不及。《南华经》是中国人公认的民族文学瑰宝中最完美的作品之一。自从公元前2世纪该书问世以来，它对中华民族的影响几乎不亚于孔子的著作及其学说；而它对之后历代的诗歌和虚构文学的语言和精神所产生的作用，就如同四书五经对中国哲学的影响一样独一无二。

但是，巴尔夫先生的翻译根本就不是翻译；简直就是胡译。我们承认，巴尔夫先生肯定在翻译这部作品上耗费了多年的心血，我们斗胆进行如此评判，心情也是非常沉重的。但是我们冒昧地进行了批评，那么就得有充分的证据才行。我们也相信，如果我们提出了庄子哲学的正确释义，巴尔夫先生也不可能屈尊来参加讨论。"但是，"——我们借用一下林希冲在新版的《南华经》中文序言里的话——"阅读一本书时，首先，要弄明白每个单词的意思；然后，你才能分析句子；其次，才能认识段落的安排；最后，才能抓住整个章节的中心命题。"巴尔夫先生的译作上每一页都有很多地方含混不清，这证明他没有弄懂很多单词的意思，自然就没能正确地分析句子，也忽略了段落的安排。如果以上我们所做的假设能够被证实的话，那么就能清楚地看出巴尔夫先生没能把握住整个篇章的意义和命题了——想要做到这一点，其实非常容易，只要看看语法和句法规则就可以了。

在当今所有的汉学家中，我们倾向于把广东的法布尔牧师放在首位。我们并不认为法布尔先生的译作比他人的作品更具学术价值或者文学价值，但是我们发现他的每一个句子，都显示了他很好地把握了文学和哲学原则，而这两者在其他学者的作品中并没有被发现。至于我们持有哪些原则，我们必须留在本篇的下一部分再讨论了，我们希望到时能阐述中国学的方法、目的和对象。

中国学（二）

法布尔先生曾说过，中国人不理解科学研究的系统方法。然而，在一部被大多数外国学者看作是老生常谈的《大学》①里，就提出了一系列互相关联的事件，并指出了一个学者系统研究时应该遵循的方法。中国的学者恐怕找不到比遵循这本书给出的方法更好的途径了，即首先从个体研究开始，然后从个人到家庭，再从家庭到政府。

第一，学者应该掌握个人行为原则的正确知识，这不仅是必须的，也是必要的。第二，他们要审视这些原则是如何在复杂的社会关系和家庭生活中应用和实施的。第三，他们还要能够注意到政府和行政机构，并以此作为研究的导向。

当然了，我们所说的这种程序只能从大体上来执行；要

---

① *High Education*，外国人通称为 *Great Learning*。——作者原注

完全贯彻的话，可能需要一个人专心致志地投入毕生的精力。但是，我们肯定不会承认一个人是汉学家或者给予他鸿学巨儒的称谓，如果他连上述的原则都不熟悉的话。德国诗人歌德曾说过："人类的成果，像自然的东西一样，真正值得注意的、最重要的是——目的。"在对民族性格的研究中，最重要的也是这一点，不仅要注意人民的活动和实践，也要关注他们的观念和意见；要了解他们所认为的好和坏，他们所认识的正义与邪恶，他们所了解的美与丑，他们区分的智慧与愚蠢。这就是我们所说的中国学者应该研究个人行为准则的含义。换句话说，我们想说的是，你必须了解中国人民的民族理念。

如果有人问我，怎样才能做到这一点？我们回答，通过研究这个民族的文学，你能从中体会出一个民族最美好、最高尚的特征，也能观察到他们最糟糕的一面。外国学者们应该注意的一个对象就是中国的优秀的民族文学：不管他进行了多少初步的研究，都是为了达到这个目标而采取的手段。现在就让我们来看一下他们是如何研究中国文学的。

"欧洲文明"，一个德国作家说，"取决于希腊、罗马和巴勒斯坦文明；印度人、波斯人和欧洲人一样都是雅利安人的后裔，因此，他们是有关系的；在中世纪，与阿拉伯人交往的影响持续到现在，一直没有完全消失。"但是，中国人文明的起源和发展基础，跟欧洲人毫不相干。所以，研究中国文学的外国学者，必须要克服缺乏共同思想和观念带来的不利影响。他有必要用这些思想和观念武装自己的头脑，但首要的是，要在欧洲语言中找到它们的对应物，如果对应物不存在，就要分解它们，并且要找到它们代表的是人类普遍天性中的哪一方面。

举例说明，以下这些词在中国的文学经典中经常重复出现，通常翻译成"benevolence"（仁）、"justice"（义）和"propriety"（礼）。当我们把这些英文单词放在上下文中仔细推敲时，我们发觉它们并不准确。此外，"humanity" 可能是汉语中"仁"字最精确的对应词。但在当时，汉语"humanity" 的对应词，就不能按照它在英语中的意义来理解了。大胆的译者可能会用《圣经》中的"love" 和"righteousness"来翻译"仁"，这样，可能和其他词一样精确，既表达了词的意义，又符合语言习惯。如果我们对这些词传达的基本理念进行分解，探寻它所代表的人类普遍天性，我们马上就能得到它们的真正意义，即"真""善""美"。

此外，对于一个民族的文学，如果要从根本上研究，必须加以系统地研究，并把它作为一个整体，而不能零零散散地、没有计划和顺序地进行，就像迄今为止大多数外国学者所做的那样。正如马修·阿诺德所言："要通过理解所有的文学——人类精神的整个历史——或者一部伟大的文学著作，将其作为一个真正的整体来理解，文学的力量才能得以显现。"正如我们所见，现在外国学者有几个人把中国文学作为一个整体来研究啊！他们对它的重要性了解多少呢！他们知道的何其少啊！要了解中国的民族性格，他们把这个有力的工具荒废了！除了理雅各和一两个学者的译作之外，欧洲人主要通过一些小说译本来了解中国文学，但是这些都不是最好的小说，而且在同类中也属于最普通的作品。设想一下，就好像一个外国人打算评价一下英国文学时，依据的是罗达·布劳顿（Rhoda Broughton）女士的著作，或者是小学生和保姆所阅读的那一类！托马斯·威登爵士头脑中的中国文学肯定就是这一类，所以他才愤怒地指责中国人"智商低下"。

过去对中国文学有一种看法，认为中国文学正经得过头了。由此，外国人指责中国人的迂腐，与此同时，大多数外国人都认为中国人是一个爱说谎的民族！事实绝非如此。除了前面我们已经提到过的那些平庸的翻译小说外，从前研究中国的外国人的译作，是把儒家经典排除在外的。在这些著作中，除了道德，还有很多其他的东西，而且怀着对巴尔夫先生的尊重，我们认为这些书籍中包含着"令人钦佩的学说"，绝不像他以前评价的那样"功利而世故"。我想提出两句话，并请教巴尔夫先生，是否他真的认为它们是"功利而老于世故"：一句是，孔子在回答一位大臣时说："获罪于天，无所祷也。"另一句是，孟子说："生，亦我所欲也；义，亦我所欲也，二者不可得兼，舍生而取义者也。"

为了反驳巴尔夫的观点，我认为值得把话题扯得再远一点，因为我们认为，像"古老的奴隶""诡辩的故主"等这样毒辣的言辞不应该在哲学作品中出现，更不应该用来评判中国最受崇敬的人。巴尔夫先生可能被他对"南华"先知的钦佩引入了迷途，而且他迷恋于宣扬道家比儒家更为优越，被这种热情冲昏了头脑，如果他能冷静一点的话，他会撤销自己的言论的。

咱们言归正传。我们已经说过，中国文学必须被当作一个互相关联的整体来研究。另外，我们说过，欧洲人习惯于仅从那些与孔子有关的著述中来设想和形成对中国文学的判断；但是，中国文学从孔子开始刚刚起步，又经历了18个朝代，一共有2 000多年的历史。在孔子时代，对文学作品的形式的理解还不是很透彻。

在此，让我们来讨论一下，在文学研究中，有一个要点值得注意，即文学作品的形式，但是，外国的汉学家们对此视而不见。英国诗人华兹华斯说："内容固然重要，但你们要知道，内容总是来自形式。"的确如此，那些与孔子名字相关的早期作品，只要涉及了形式，就不能假称完美：它们被认为是经典或权威的作品，不是因为它们文体高雅或者文学形式有多么完美，而是因为它们所蕴含的内容价值。宋朝苏东坡的父亲评论说，类似于散文的文学形式可以追溯到孟子的对话。从那之后，中国的文学作品，包括散文和诗歌在内，发展出了多种风格和样式。比如，西汉的作品不同于宋代的散文，这与培根①（Bacon）勋爵的散文不同于艾迪森(Addison)、戈德史密斯②（Goldsmith）的散文如出一辙。六朝诗歌那种野性的夸张、粗糙的语言和唐诗的纯净、活泼、明快不同，就像济慈③早期诗歌的愤懑与生涩有别于丁尼生④诗歌的强健、清澈、华丽怡人一样。

　　综上所述，一个学者只有用民族的基本原则和理念武装自己，才能够找到研究这个民族社会关系的正确方向；再来审视这些原则是怎样运用和贯彻的。但是，社会制度、生活方式和一个民族的风俗习惯不会像蘑菇一样一夜长大，而是经历了很多漫长的世纪才逐渐形成。因此，我们去研究一个民族的历史是必要的。现在，欧洲学者对于中国的历史仍然一无所知。鲍尔格先生最新出版的所谓的《中国历史》，把拥有悠久文明历史的中华民族描写得不能再差了。鲍尔格先生如果描述的是像非洲霍屯督那样的野人，也许还可以容

---

① 培根（Francis Bacon，1561—1626），英国散文家、哲学家、政治家和法理学家，古典经验论的始祖。其著作包括《论科学的价值和发展》（1605年）和《新工具论》（1620年），在后一部著作里，他提出了以观察和实验为基础的科学认识论，作为归纳法逐渐为人所熟知。

② 戈德史密斯（Oliver Goldsmith，1728—1774），生于爱尔兰的英国剧作家、小说家。他在文学界的名声主要归功于他的小说《威克菲尔德牧师》（1776年）、田园诗《荒村》（1770年）和悲剧《委曲求全》（1773年）。

③ 济慈（John Keats，1795—1821），英国最伟大的诗人之一，他的作品音律优美，古典意象丰富，包括《圣艾格尼丝之前夜》《希腊古瓮》和《秋颂》（均写于1819年）等。

④ 艾尔弗雷德·丁尼生（Alfred Tennyson Baron，1809—1892），英国诗人，其作品包括《悼念》（1850年）和《轻骑兵的责任》（1854年），反映了维多利亚时期的情感和美学思想。1850年他获得桂冠诗人的称号。

忍。这样的中国历史居然能够出版，也只能说明欧洲人的中国知识远远不够。如果对一个民族的历史都不甚了解，对它的社会制度就无法形成正确的判断。由于缺少历史知识，像威廉姆博士的《中国总论》等其他有关中国的著作，不仅对学术界毫无用处，而且还会把许多普通读者引入歧途。

举一个例子——民族礼仪。中国是礼仪之邦，人们把这归功于孔子的教化，这倒也是实事求是。巴尔夫先生可以随心所欲地谈论礼仪都是虚情假意的了；甚至就像翟里斯先生所说的"打躬作揖只是外部表现"，但是这些礼貌深深植根于人的普遍天性中，即人性中的"美"里。孔子的一个弟子说："礼之用，和为贵，先王之道，斯为美。"另外，在这部经典的其他地方又说："礼者，敬也。"这样看来，很明显，对一个民族的生活方式与风俗习惯的评价，应当建立在对这个民族的道德原则的认识上。此外，对于一个国家政府与政治制度的研究——也是我们建议学者们去研究的最后一个内容，也必须建立在对其哲学原理的理解和历史认识的基础上。

最后，让我们用外国人认为是陈词滥调的《大学》里的话来结束全文。"古之欲明明德于天下者，先治其国；欲治其国者，先齐其家；欲齐其家者，先修其身。"这就是中国学的意义所在。

附录　乌合之众崇拜教或战争及其出路

法兰西因为暴乱而受伤，

应该真心反省的是官僚和君王，

即使是这样，

民众更应该记在心上。

统治阶级一旦灭亡，

谁来救场，

来保护民众不会遭殃？

反抗者担当？

他们只会让羊羔都变得躁狂。

——歌德

剑桥大学的罗斯·迪金森教授在他的《战争及其出路》一文中，有这样一段意味深长的话："（欧洲文明的）未来不会有任何结果，除非在英格兰和德国以及其他所有国家中，平民、用手劳动和用头脑劳动的工人们聚集起来，对那些把他们卷入这场灾难并将持续给他们带来痛苦的人们大声疾呼："别打了！别打了！再也别打了！你们这些统治者、军人和外交官，你们活过了漫长而痛苦的历史，掌管着人类的命运，并将他们送进了地狱，我们现在就要批判你们。我们的劳动和鲜血曾经任凭你们支配。但是，到此为止吧。你们不会带来和平，战争因你们而起。从这场战争中走出来的欧洲才是我们的欧洲。而且，它将是永远再也没有战争的另一个欧洲。'"

这是欧洲社会学家们现在的梦想。但是，这样的梦想恐怕不会实现。当欧洲各国的平民摆脱了统治者、军人和外交官们，并掌握了与他国是和平还是战争的决定权时，我可以完全肯定，在这个问题解决之前，平民之间就会吵得不可开交，打得头破血流甚至爆发战争。就拿英国的爱尔兰问题来说吧。爱尔兰的平民在解决如何自治的问题上，他们互相攻击，如果不是这场突如其来的战争，他们会继续自相残杀。

为了寻找这场战争的出路，我们必须首先找到这场战争的起源和原因；我们应该找出到底谁应该为这场战争负责。迪金森教授想叫我们相信，是那些统治者、军人和外交官把平民百姓拖入了这场灾难，——推进了战争的地狱。但是，我认为，我能证明不是他们把百姓们推入战争的，而是那些平民驱使并推动了欧洲那些可怜无助的统治阶级、军人和外交官陷入了战争的地狱。

让我们考察一下现在的统治者——欧洲的皇帝、国王和共和国的总统。这是个不争的事实，可能除了德国的皇帝之外，其他国家的现任统治者们并没有导致这场战争的决定权。实际上，当今欧洲的统治者们，那些皇帝、国王和总统的手脚和言论都被《自由大宪章》束缚着——统治者们在政府命令或公共事务方面并没有发言权。可怜的大英帝国的皇帝乔治，当他为了阻止爱尔兰问题演变成国内战争，想说点什么时，大英帝国的平民马上专横地告诉他闭嘴！而他只好通过首相向平民道歉，而他要做的无非是想尽一个国王的责任而已！实际上，当今的欧洲统治者已经变成了纯粹的昂贵饰品，就像官方文件印章上的人物肖像一样。因此，作为纯粹的装饰，他们在政府事务方面没有发言权和决定权，怎么能说现任统治者应该为这场战争负责呢？

让我们接下来考量一下被迪金森教授和每个人谴责的应对这场战争负责的军人们。罗斯金①在伍利奇②对军官学校的学生们演讲时说："现代制度的致命错误就是它拿走了民族最好的血液和力量，拿走了所有的精神实质，那就是勇敢、不计回报、不畏痛苦和对忠诚的信任；而且，它把这些东西熔进钢铁并打造成了利剑，从而夺走了它们的声音和意志；但是现代制度却保留了民族最糟糕的一面，在根本用不到思想的地方，无论是懦弱、贪婪、肉欲还是欺骗，都被赋予了

① 约翰·罗斯金（Ruskin，1819—1900），英国艺术评论家、散文家和社会学家。
② 伍利奇，Woolwich，地名，在英国伦敦附近，是英国皇家陆军军官学校的所在地。

权力和特权。""你们保卫英格兰的誓言的实现,"罗斯金继续向大英帝国的军人演讲,"绝不在于你是否执行这一制度。如果你只是站在店外保护里面行骗的店员,你就不是一个真正的军人。"那些现在公然抨击军国主义和普鲁士军国主义的英国人,我认为,都应该认真阅读并思考罗斯金说的这些话。但是我还想说的是,从罗斯金所说的话中能够明显听出来,如果欧洲现任统治者没有实际发言权的话,那么军队也绝对没有说话的权力,无论是在政府决议还是事务管理上都一样。丁尼生在谈到巴拉克拉瓦①的英国军人时,说在这场战争中真正可怜的是军人:"他们不需要考虑原因,只需要知道去照做去拼命。"

如果今天的统治者已经成为贵重饰品的话,那么今天的欧洲军人就已经变成了危险的机器人。没有自己的任何声音和意志,在政府行为上他们与其说是军人,不如说是木偶,那又怎么能说欧洲的军人应该对这场战争负责呢?

最后,让我们来审视一下欧洲外交官们的事例吧。根据政府的政策,即欧洲《自由大宪章》,外交官——负责政府管理和公共事务的政治家和部长们,也只能执行人民的意愿;换句话说,只能去做国内平民让他们干的事。这样,我们看到外交官们——欧洲国家的政治家和部长们,也变成了纯粹的机器,会说话的机器;事实上,这些人就像空空如也

① 在克里米亚战争中,在巴拉克拉瓦(Balaclava)的英国轻骑兵旅袭击了俄军,这是一次自杀式的袭击,英军伤亡人数达到247人。丁尼生为了歌颂军人作了诗歌《轻骑兵的责任》。

的木偶一样，看上去神气活现，虽然有发言权，但是根本没有自己的任何意志，他们的运动、牵引力和上下的移动，都由平民控制，又怎么能说外交官、政治家和部长大臣们应该对这场战争负责呢？

的确，在我看来，最奇怪的是，在欧洲的所有国家的政府中，每个人实际上都负责管理政府——统治者、军人、外交官、政治家和部长，但是却不允许他们有自己意志；也不被允许去做他们认为最有利于民族安全与利益的事。然而每个平民都拥有充分的权利，在政府中表达意愿并制定决议——例如，《爱国时报》的编辑约翰·史密斯，亨德史迪兹（Houndsditch）的博布斯（Bobus）——曾经是卡莱尔时代的香肠和果酱制造商，现任大造船厂的老板，还有放高利贷的摩西·拉姆（Moses Lump）；事实上，他们拥有让统治阶级为国家利益和安全做事的话语权。如果你对事情的来龙去脉了解足够清楚的话，正是以上三种人——约翰·史密斯、博布斯和摩西·拉姆应该对这场战争负责。在这里，我想指出，正是这三种人创造了可怕的现代机器—— 欧洲现代军国主义，而这种可怕的机器又挑起了这场战争。

但是这又会涉及另一个问题，为什么执政者们这么懦弱，非要唯这三种人是从呢？我的答案是，这些诚实善良的平民百姓，比方说迪金森教授这样的人——并没有支持并忠诚于现任的执政者们，而是倒向了这三种整天发号施令的人，并一起反对统治阶级。此外，欧洲百姓之所以支持并站在这三种人一边，其理由有两个：第一，因为他们告诉百姓们，他们是属于平民的政党；第二，欧洲各国平民从小就被教导——"人类的天性是邪恶的"，无论任何人，只要给他权力，他就会滥用权力。任何人只要够强够壮，肯定想去抢劫、谋杀他的邻居。实际上，在此，我想说约翰·史密斯、博布斯和摩西·拉姆这三个鼓吹手能让平民帮他们迫使当政者制造出这可怕的战争机器，并挑起了战争，是因为每个国家的平民，当聚在一起的时候，他们既自私又胆小。

当你找到事情的根源时，将会发现，并不是统治者、军人和外交官，甚至也不是这三个鼓吹手，而正是像迪金森教授这样的诚实善良的平民应该对这场战争负责。但是迪金森教授会否认说：我们这些老百姓并不想要这场战争。但是，谁又想要呢？我的回答是惊恐引起了这场战争，乌合之众的惊恐——从去年8月，在俄国，由平民帮忙创造的恐怖的现代机器开始运转时，欧洲各国的普通群众便陷入了惊恐之中。总之，我认为是惊恐——乌合之众的惊恐，通过传播占据并麻痹了执政者们的大脑，使他们感觉绝望无助，从而引发了这场可怕的战争。我们可以看到，不像迪金森教授所说的那样，是统治者、军人和外交官把欧洲的平民带进了这场灾难，而是平民自己——自私、胆怯，以及最后关头的畏缩和恐慌，驱使和推动执政者们推进了这场灾难——战争的地狱。如今欧洲绝望悲惨的境地，就是各国管理者们无能的表现，惨不忍睹又令人同情。

因此，从我给出的说明中很容易看出来，如果欧洲想要今后的和平，要做的第一件事不是像迪金森教授说的那样带领或号召老百姓参与政治，而是把他们开除出去，因为他们在面对和平或战争问题时，很容易受到惊吓。换句话说，在我看来，要做的第一件事，就是要保护国家管理者们免受乌合之众的打扰——那些平民的惊恐，让他们感到无助。且不说将来如何，如果要把欧洲从目前的困境中解救出来，我看似乎只有一个办法，那就是首先把交战国的统治者、军人和外交官们从目前的无助中救出来。我想指出的是，目前欧洲的悲惨状况，在于每个人都期盼和平，但是没人有勇气或者力量去建设和平。所以，我说首要的是把执政者们从无助中拯救出来；要采取一些手段赋予他们权力——争取和平的权力。我认为能行得通的办法只有一个，那就是为了欧洲人民——交战国的人民，撕毁他们目前的《自由大宪章》，并制定一个全新的《忠诚大宪章》，正如我们中国人所拥有的良民宗教一样。

根据这个新的《忠诚大宪章》，交战国的人民必须宣誓：第一，不得以任何方式参与或者干涉目前的战争政治；第二，无论现任统治者做出什么样的和平条约，他们都要完全接受、服从和遵守。这一新的《忠诚大宪章》会立刻赋予交战国的统治者权力，他们拥有了这种权力，就有了建设和平的勇气；事实上，这种权力和勇气可以立刻掌控并驾驭和平。我十分确信，一旦这种权力交给了交战国的现任统治者，他们马上就会掌控并驾驭和平。

我十分确信这一点，因为交战国的统治者们，除非他们是完全不可救药的疯子或者魔鬼，每个人肯定都会否认自己是这样的人——不，他们不是的，我冒昧说一句，即使连那个欧洲最臭名昭著的德国皇帝也不是——交战国的统治者们必须看到，他们每天源源不断地糟蹋高达900万英镑的人民的血汗钱，为的是屠杀成千上万无辜男人的生命，摧毁无数无辜妇女的家庭和幸福，除了说这是疯狂至极之外，我们无话可说。交战国的统治者、军人和外交官之所以看不到这一点，是因为他们的无助；他们在乌合之众的惊恐面前很无助；就像我说过的，乌合之众的惊恐已经麻痹了他们的大脑。所以，我才说，要挽救目前欧洲的局势的话，首先要做的就是把这些执政者从无助中解救出来，并赋予他们权力。

在此我想进一步指出，目前欧洲的悲惨局面，不仅在于执政者的无助，也在于交战国每个人的无助。每个人都很无助，并且看不到这是一种极端的疯狂，其实没有人想要这场战争，它仅仅是由乌合之众的恐惧引起的，因为，乌合之众的惊恐已经麻痹了每个人。我们甚至可以从迪金森教授身上发现这一点，他写文章猛烈地抨击战争——去谴责统治者、军人和外交官挑起了战争。但是，迪金森教授没有意识到，这种恐惧同样存在于他的头脑中了。在他的文章中，一开始就说，这篇文章并不是"停战"书。他接着说："处在战争中，我认为，所有的英国人也都会这么认为，我们必须继续战斗，直到能够看到我们的领土和安全完整无缺，以及在可以预料的时间之内确保欧洲的和平为止。"大英帝国的完整和安全，以及欧洲的未来的和平，只有通过每天无休止地花费900万英镑的真金白银，去屠杀数以千计的无辜生命才

133

能获得！我相信，这样一个极其荒谬的命题，只要一个人头脑中没有乌合之众的恐惧，他就能看得清亮、说得明白。好一个欧洲和平啊！如果这种耗费和屠杀持续下去的话，和平当然会到来，只不过到时欧洲已经从世界版图上消失了。如果有什么证据可以表明平民完全不适合决定战争与否的话，那么，甚至连像迪金森教授这样人的心理态度也能说明这一点。

但是，我想说明的重点是，即使交战国所有的人都渴望和平，也没有人具有制止战争、创造和平的权力。而这个事实，是每个人都不相信有实现和平的道路；然后每个人都陷入了绝望之中。这种绝望又阻碍人们认识到这场由乌合之众的惊恐所导致的战争是纯粹疯狂的行为，别无其他。为了让每个人看清楚这场战争是疯狂至极的，首先要做的就是向人们展示创造和平的可能性。而为了让人们看到，首要而简单的就是：立即停止这场战争；要授予一些人充分的权力去制止战争；要制定我所说的《忠诚大宪章》，授予交战国统治者们绝对的权力——立即制止战争的绝对权力。一旦人们看到战争停止了，交战国的每个人，也许除了几个不可救药的疯子之外，每一个人都明白这场毫无必要的、由乌合之众的恐惧所导致的战争——确实是极其疯狂的；这场战争，如果继续下去的话，将是破坏性的，即使对那些获胜国也一样。一旦交战国的统治者拥有了停止战争的权力，每个人都认识到战争的疯狂，那时，只有那时，像美国总统威尔逊那样的人不仅可能，而且能轻易地发出成功的呼吁，让交战国的统治者们立即下令停止战争，找出一个创造永久和平的办法，就像日俄战争期间美国前总统西奥多·罗斯福做的一样。我之所以这样说，是因为我相信，为了实现和平，交战国的统治者们必须要做的一件重要事情，就是建造一座特殊的疯人院，并且逮捕和关押少数完全不可救药的疯子——像迪金森教授那种满脑子是乌合之众恐惧的人——他们的恐惧是对大英帝国的完整和安全以及欧洲未来和平的威胁！

因此，我说交战国人民的唯一出路，就是撕毁目前的《自由大宪章》，并制定一种新的大宪章，不是什么自由宪章，而是《忠诚大宪章》，就像中国一样，我们中国人所拥有的良民宗教。

为了证明我的建议的效果，我想请欧美的人民注意一个事实：正是日本和俄国人民对他们统治者的绝对忠诚，才使得美国前总统罗斯福成功地向当时的日本天皇和俄国皇帝发出了呼吁，结束了日俄战争，并在朴茨茅斯（Portsmounth）签署了和平协议。这种绝对忠诚，在这一事件中，日本人表现出来的忠诚得益于从中国学来的《忠诚大宪章》。但是在没有良民宗教忠诚宪章的俄国，俄国人的绝对忠诚是靠皮鞭来保证的。

现在让我们来看一下，在《朴茨茅斯合约》签订之后，在日本和俄国都分别发生了什么。在日本，自合约签署后，东京平民的良民宗教被欧洲的新学所破坏，爆发了一阵骚动，并有人企图制造恐怖活动——但是，在日本人内心保存完好的《忠诚大宪章》和几个警察的帮助下，在一天之内就把骚乱和平民的惊恐镇压了下去，并且，从此不仅日本国内实现了和平，远东地区也实现了稳定。但在俄国，自合约签订后，国内各地的平民举行示威并企图制造恐慌，而且，由于俄国没有良民宗教，保证俄国人忠诚的皮鞭也折断了，自此俄国人便有了充分的自由去制造暴乱和立宪，去制造骚乱和惊恐——那种影响沙皇俄国和斯拉夫种族的完整和安全、欧洲未来和平的惊恐！由此导致的结果是，当奥匈帝国的皇帝和俄国沙皇在怎样处置杀害奥地利大公的问题上产生一点分歧时，那些平民居然能引起如此大的骚乱和惊恐，并威胁到了沙皇俄国的完整和安全，以至于沙皇和他的高级顾问不得不动用了全国的军队，换句话说，启动了由约翰·史密斯、博布斯和摩西·拉姆所创造的恐怖的现代机器。当那种恐怖的现代机器——俄国的现代军国主义开始发动的时候，立刻造成了全欧洲平民广泛的惊恐，正是它占据并麻痹了交战国的统治者、军人和外交官的大脑，并使他们感到无助，正是由这种无助导致了这场可怕的战争。

因此，如果你深入地考察这件事情的真正根源，这场战争的真正由来在于《朴茨茅斯合约》。我认为《朴茨茅斯合约》是战争的源头，因为在合约签订后，那皮鞭的力量，在俄国已经破裂了，而且再也没有什么能保护沙皇免受平民的影响、惊恐和侵扰了——实际上，这是乌合之众对沙皇俄国和斯拉夫种族完整以及安全的侵扰！德国诗人海涅作为自由主义的代表人物，以及他那个时代自由主义的拥护者，以极其敏锐的洞察力指出："俄国的专制主义给人们带来的是真正的专政，而不是其他，我们现代的自由观念在这种环境下不可能实现。"所以我重申，正是因为自从《朴茨茅斯合约》签订之后，俄国的专政——皮鞭折断了，再也没有什么能保护俄国执政阶级免受乌合之众的侵扰了。也就是说，这场战争的真正源头就是乌合之众的恐惧。

过去的欧洲，所有负责任的统治者能够维持国内秩序，并且保持欧洲的和平，那是因为他们敬畏和崇拜神。但是现在，我认为，当今欧洲所有国家的统治者、军人和外交官敬畏和崇拜的不是神，而是乌合之众——国内的平民。俄国沙皇亚历山大一世在与拿破仑打完战争后，建立了神圣同盟，不仅保证了俄国国内的秩序，而且保证了欧洲的和平，因为他敬畏神。不过，如今的沙皇一样也做不到了，因为他敬畏的不是神，而是乌合之众。在大英帝国，像克伦威尔这样的统治者，既能保证国内秩序，又能维护欧洲和平，就是因为他们崇拜神。但是现在的大英帝国的统治者，如格雷勋爵（Lord Grey）、艾斯奎斯先生（Asquith）、丘吉尔[①]（Winston Churchill）劳德·乔治（Loyd George）等政治家，这两点他们一样也做不到，因为他们不崇拜神，而是崇拜乌合之众——不仅崇拜他们自己国家的乌合之众，而且还包括其他国家的暴民。大英帝国已故的首相坎贝尔·班勒门先生在俄罗斯杜马被解散时，用了最大的力气高呼："杜马完蛋了，可恶的杜马！"

[①] 丘吉尔（Winston Churchill, 1874—1965），英国政治家、作家，1940—1950年、1951—1955年两度任首相，1953年诺贝尔文学奖得主。

但是，我想在此说明，这场战争的真正起源还不是俄国乌合之众的恐惧。它真正的根源是对乌合之众的崇拜，这同时也是当今世界所有的无政府状态、恐怖和痛苦的根源——欧美是这样，尤其是英国，更是如此。正是大英帝国的乌合之众崇拜，引起并触发日俄战争①。日俄战争后，在英国首相的声援下，一个又一个的《朴茨茅斯和约》把俄国的皮鞭折断并粉碎了，击垮了海涅所说的"专政"，并造成了俄国乌合之众的恐惧，正像我说的，最终导致了战争的爆发。在此，我顺便说一句，这种在大英帝国的、在华英国人以及外国人之间的乌合之众崇拜，以及中国共和的梦魇，导致了革命，正在威胁着当今世界上最有价值的文明财富，即真正的中国人。而中国的这种崇拜实际上是从英国和美国带来的。所以，这种对乌合之众的崇拜，如果不被制止的话，不仅会毁灭欧洲文明，而且会毁灭世界上所有的文明。

现在，我认为，唯一能将这种威胁人类文明的乌合之众崇拜制止的东西——就是这种"忠诚教"——圣礼，即《忠诚大宪章》，就像我们中国人的良民宗教一样。这种《忠诚大宪章》将会保护所有国家统治者、军人和外交官们免受乌合之众的困扰，不仅使他们有能力维持本国的秩序，而且维护世界和平。这种具有《忠诚大宪章》的良民宗教，将会使

---

① 在大英帝国的乌合之众的惊恐——尤其是在中国上海的英国人的惊恐，他们当时的代言人就是"伟大的"马礼逊博士，《泰晤士报》驻北京的通讯记者，他们叫嚣着"满洲门户开放"，恐吓并煽动了日本对俄开战。——作者原注

所有的良民帮助合法的统治者来镇压暴民——将使所有国家的统治者都能保持他们本国和世界的秩序，没有皮鞭、没有警察、没有军队；总之，就是没有军国主义。

　　现在，在定论之前，我想再说说军国主义，德国的军国主义。此刻，我想说的是，如果这场战争的根源是大英帝国的乌合之众崇拜的话，那么它的直接原因就是德国的强权崇拜。据报道，俄国沙皇在签署俄罗斯军队的动员令之前，曾说过："我们已经忍受了7年，现在必须结束了。"俄国沙皇充满激情的话，表明了他和俄罗斯民族一定遭受过德意志民族的强权崇拜所带来的痛苦。

　　的确，大英帝国的乌合之众崇拜，正如我说的，将俄国沙皇手中的皮鞭折断了，这使得他无法反对需要战争的乌合之众，而德国的强权崇拜又使他愤怒不已，这驱使他投入乌合之众的战争中。由此，可以看出，这场战争的真正原因是大英帝国的乌合之众崇拜和德国的强权崇拜。

　　我们中国的良民宗教的"圣经"曾说过："罔违道以干百姓之誉，罔咈百姓以从己之欲。"[①]"违道以干百姓之誉"，就是我说的乌合之众崇拜，而"拂百姓以从己之欲"，就是我说的强权崇拜。但是，具备了这种《忠诚大宪章》，负责任的大臣和政治家就会意识到他们不是对乌合之众负责，不是对平民负责，而是对国王和良心负责，并且，这样做会防止他们"违道以干百姓之誉"——防止他们陷入

---

① 《书经》：第二部分，Chap. Ⅰ6。——作者原注

乌合之众崇拜。大宪章又会让国家的统治者感到重大的责任，这也是伴随着《忠诚大宪章》赋予他们极大权力而强加给他们的，将有助于防止他们"拂百姓以从己之欲"——也就是防止他们崇拜强权。因此，可以看到，这种《忠诚大宪章》将有助于消灭乌合之众崇拜和强权崇拜，而这两者，正是这场战争的原因。

经历过法国大革命的茹博，在回答现代对自由的呼唤时说："让你的呼喊为了自由的灵魂，而不是为了自由的人。道德自由是一种非常重要的自由，这种自由必不可少；其他的自由，只有符合这一点，才是好的和有益的。就其本身而言，从属要比独立好。因为一个意味着次序与安排；另一个则意味着只有隔绝才能自我满足。一个意味着协奏，另一个是独音；一个是整体，另一个仅仅是部分。"

我认为，对于欧洲人民和交战国的人民来说，摆脱战争、拯救欧洲文明——拯救世界文明的一条而且是唯一的道路，对于他们来说，这条路就是马上撕毁目前的《自由大宪章》，制定一个新的宪章——不是什么《自由大宪章》，而是《忠诚大宪章》；就像在中国，我们中国人做的一样，采用《忠诚大宪章》的良民宗教。

世界的秩序将重新书写！